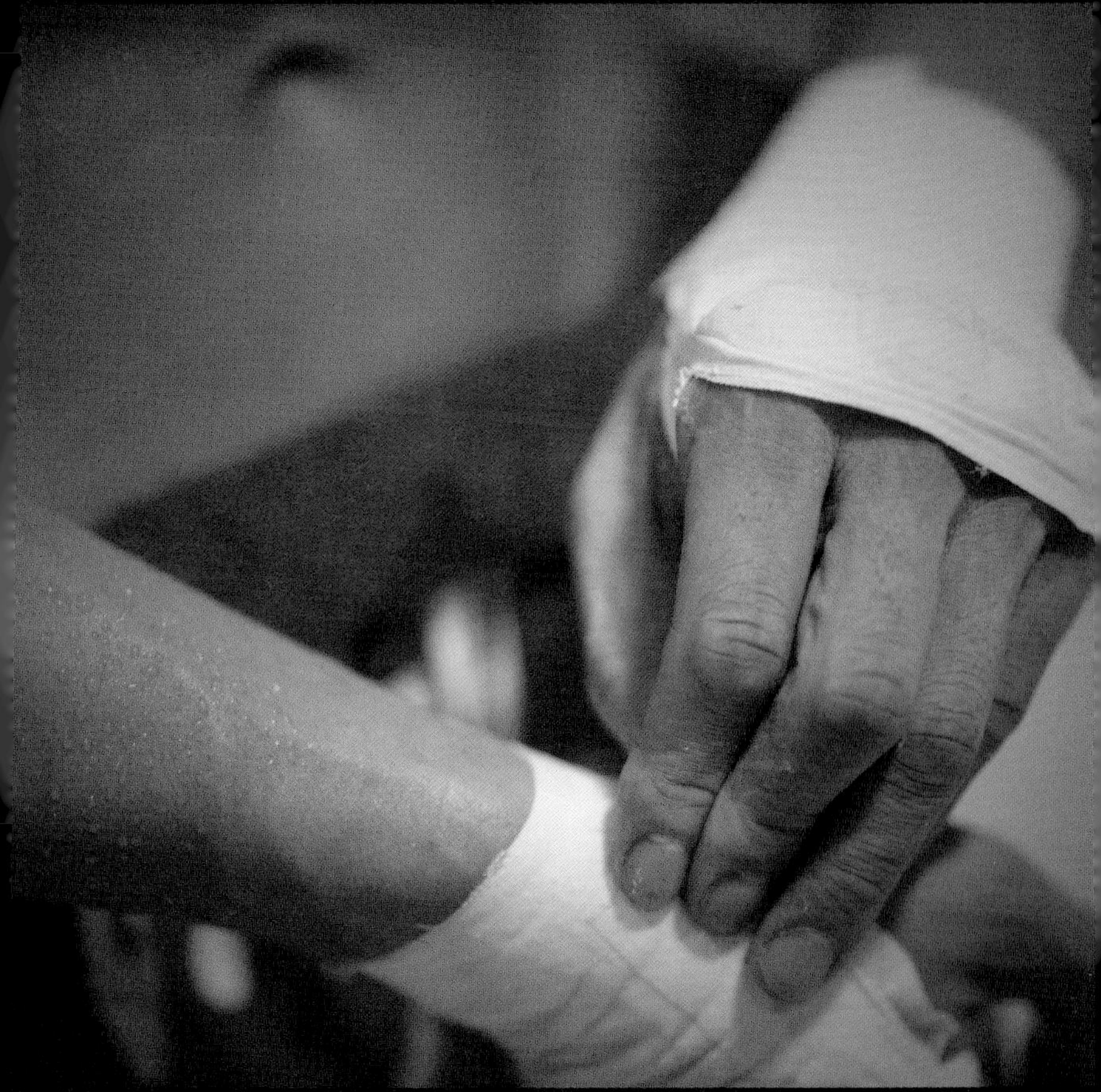

# 武尊《TAKERU》

# ユメノチカラ

# プロローグ　優しさ

突然、テレビの制作スタッフから、思いがけないメッセージが届いた。

「浜田さんが『武尊がいけるんやったらやろう』と言ってます」

浜田さんとは、ダウンタウンの浜田雅功《まさとし》さんだ。あの一戦後、すっかり気持ちが沈んでしまっていた僕には、とても大きな意味を持つ提案だった。


2022年6月19日、東京ドームで開催された「THE MATCH 2022」。実現まで7年を費やした「世紀の一戦」、那須川天心対武尊の結末を目撃するべく、ドームには5万6339人の大観衆が集まり、ABEMAのPPV（ペイパービュー）は約50万件を売り上げたと言われる。日本格闘技史上最も注目を集めたカードは、那須川が判定勝利。敗れて、控え室に戻っていく武尊には大勢の観客が駆け寄り、

「ありがとう！」

「いい試合だった！」

「また試合見せてくれ！」

と口々に激励の声を掛けた。武尊は涙をこらえきれずに号泣した。


試合終了のゴングを聞いた時、「これで終わりだ……」と思った。

長い時間をかけて、ようやく実現させた試合。あとは「勝利」という結果で、これまで応援してくれたファンと協力してくれた人たちに恩返しをする——そう決めて、僕はこの日に臨んでいた。

けれども、結果は出せなかった。その悔しさと、これまでやってきたことのすべてを失った喪失感。忘れるはずもない強烈な出来事だったのに、今思い返しても、試合後の記憶は曖昧《あいまい》だ。

ただ、控え室へ戻る時に、お客さんから「ありがとう！」という感謝の言葉や励ましの声がいっぱい聞こえてきたことは、うっすらと覚えている。この声は正直、意外だったし、心も動いた。

負けた選手には誰も興味を持たない。負けたら誰にも気にされず、ひっそりと去っていく……。

そんなイメージを持っていた。もしかすると、観てくれた人は「勝ち負け」だけを観ていたわけじゃないのかもしれない。そんな気持ちも少しだけ浮かんできたけれど、試合直後の喪失感を埋めるほどのものじゃなかった。


翌日から「引退」か「現役続行」かを考え続けた。続行するにしても、何をモチベーションに戦っていけばいいのか。こんなボロボロの心と体で、これ以上、戦うことはできるのか……。

気持ちが揺れ動く中で一つだけ、決めていたことがあった。

「今後一切、メディアに出る活動をやめよう」

詳しくはこのあとの章で言うけれど、この時の僕は体とメンタルに問題を抱えていて、しばらくは休養して治療をする必要があった。

その時は、「負けた選手には、テレビに出る資格はない」と考えていたというこ ともある。

試合後の直近の予定では、ダウンタウンの浜田さんの番組『ごぶごぶ』（MBS系）のロケが控えていた。「勝って、ご褒美《ほうび》ロケをやりましょう」と浜田さんや番組スタッフの人と話していたのに、結果を出せずに終わってしまった。みんなの期待を裏切ってしまったことが申し訳なくて、僕はマネージャーを通して浜田さんと番組スタッフの人たちに、「しばらくテレビに出る活動はやめようと思っています。番組のロケに参加できなくてすみません」とお断りの連絡をした。

すると、浜田さんはこう言ってくれたそうだ。

「いや、武尊は今やめたらあかんよ。こういう時だからこそ、ちゃんと人前に出て行かないと」

そして、オフで自宅に帰っていた浜田さんから番組スタッフを通して伝えられたのが、冒頭の言葉。

「武尊がいけるんやったら、東京でロケをやろう」

浜田さんはその日、オフだったのに、僕のために休みを返上して、東京でのロケを組んでくれた。これは異例中の異例らしい。

以前から番組収録の合間に話しかけてくれたり、プライベートの集まりに呼んでくれたりして、とてもお世話になってきた浜田さんが「オフを返上する」とまで言ってもらったら、断るわけにいかない。

「わかりました。ロケに行きます。お願いします」


6月28日に都内で『ごぶごぶ』のロケが決まった。

浜田さんから「武尊が自腹で俺に美味しいものをおごる、みたいにしたらおもろいんちゃう?」と提案してくれて、「武尊プロデュースで、浜田さんにぜひ食べてもらいたい美味しい店を回る」というロケになった。

美味しい焼き肉や寿司を食べて、「美味しい!」と絶叫したり、僕のオリジナルカレーをその場でつくり、浜田さんに食べてもらったり。

浜田さんは、僕が試合の話をしようとすると、「あー、ええから」と話を変えて、試合の話をさせなかった。普段以上にテンションの高い僕と、普段と変わらない浜田さんで、楽しいロケになった。

「あれ、武尊は落ち込んでないんだな。前と変わらず元気なんだな」

番組を見た人はそんな印象を持ってくれたようだけれど、実は浜田さんから事前にこう言われていた。

「悔しいし、苦しいのもわかるけど、武尊が元気な姿を見せないと、ファンの人も悲しむしな。テレビの前だけでも元気な姿を出したらいいよ。無理にでも笑っていれば、自分も元気になるから」

ロケの合間も浜田さんにテンションを上げていただいて、たくさん笑って、たくさんどつかれた（笑）。

また、ロケで出会った人たちから「この前の試合見たよ」「また応援してるね」などの言葉をいっぱいもらえたのもよかった。

実は、このロケの後、休養を兼ねて海外に行くことが決まっていて、僕は「当分は表舞台から消えよう。人前に出たくないし、人にも会いたくない」と思っていた。

そんな気持ちを、浜田さんはお見通しだった。

オフを返上してまで番組ロケという「表に出る場所」を用意してもらって、僕は「ああ、またこうやって表に出ても大丈夫なんだ」と感じた。何か謹慎明けで、浜田さんにどつかれて「禊《みそぎ》」を済ませたみたいに。


ロケが終わり、別れ際に浜田さんと話をした。

「もう芸能活動はやめようと思ってました」

そう言うと、浜田さんは首を振った。

「やめたらあかんよ。求められてるうちは出とかな」

そうして、こんなアドバイスをもらった。

「ちゃんと人前に出たほうがいいよ。人前に出なくなると、気持ちもどんどん落ちていくから。人前に出たら、無理してでも笑うし、そうするとどんどん自分も元気になるから」

浜田さんの優しさで、僕は悔しくてつらくて手痛い敗北から立ち直ることができた。

今度は僕が、悩んだり、苦しんだり、つらい思いをしている誰かを、励ましたり、元気づけたりすることができたら、と思う。そんな気持ちをこの本に込めたい。

２０２４年１月　武尊

# CONTENTS

## 第2章 ユメノチカラに導かれて

CONTENTS

## 第3章 逆風だらけの世界で

## 第4章 「ファイターとお金」を考える

CONTENTS

## 第5章 アフター「THE MATCH」

## 第6章 勝つためのルーティン

CONTENTS

［取材・構成］
茂田浩司
［撮影］
初沢亜利
［装幀］
金井久幸（TwoThree）
［協力］
関 巧（ブロンコス）
渡辺雅和（W.boost）
野村恵里佳（STR）

# 第1章

# 「絶対不可能」を覆す

# 「K－1休止」で断たれた夢を取り戻す

「THE MATCH 2022」（※以下、「THE MATCH」）での「那須川天心対武尊」が発表された時、関係者にこんなことを言われた。

「やりたい試合を実現するために、いち選手が自ら動いて、交渉して、本当に実現させたなんて、前代未聞ですよ」

選手、関係者、マスコミ、誰に聞いても「無理」「実現は不可能」だと言われた「武尊対那須川天心」。僕自身も「この試合、もう無理なんじゃないか……」と何度思っただろう。

それほど実現が困難で「絶対不可能」と言われた試合を、なぜ実現することができたのか。その理由は、僕の格闘技人生を振り返るとわかってもらえるんじゃないかと思う。

「まだK－1ってやってるの？」

僕や兄貴分の卜部《うらべ》兄弟（弘嵩《ひろたか》、功也《こうや》）がこの時代のことを話すと、決まって思い出すのがこの言葉だ。何度言われたかわからないぐらい言われて、そのたびに三人で悔しさを噛みしめた。

僕の格闘技人生は、常に逆風だった。

K－1チャンピオンになるために、18歳で鳥取から東京に出てきて、名門「チームドラゴン」に入門。当時のチームドラゴン名物の連日のガチスパーリング（グローブとスネ当てを付けた状態で真剣に殴り、蹴り合う）で鍛えられて、アマチュア大会に優勝。さあ、いよいよプロデビューだ、とKrush《クラッシュ》（主に東京・後楽園ホールで開催される大会。K－1の下部組織的な位置付け）の出場が決まった直後に、悪いニュースが飛び込んできた。

——K－1、活動休止。

その後、運営会社が倒産して、K－1の大会は開催されなくなってしまい、消滅した。

Ｋ－１に出て、活躍して、Ｋ－１チャンピオンになって有名になる。そんな夢を持って都会に出てきて、いよいよ明日、Ｋｒｕｓｈでプロのファイターになり、夢のＫ－１のベルトを巻くために勝ち上がっていくぞ、と意気込んでいた時に……。

Ｋ－１の消滅には主催するＦＥＧの経営不振があった。魔裟斗《まさと》らスター選手が引退した２０１０年以降、人気低迷およびスポンサー収入の減少などで約35億円の負債を抱えることになった。その後、ファイトマネーの支払いが滞《とどこお》り、加えて翌年3月に発生した東日本大震災の影響で、運営資金の調達も難航した。興行日程が決まらず、二転三転した結果、２０１２年5月にＦＥＧは破産手続き開始の決定を受けた。その後、２０１４年に新たに「新生Ｋ－１」として「Ｋ－１実行委員会」が発足した。

だけど、僕ら三人（卜部兄弟と武尊）はめげている場合じゃなかったし、これからしなければならないことは見えていた。

「ＫｒｕｓｈをＫ－１のように盛り上げて、デカくすればいい」

すでに熱い試合の連続で、１か月に１度のペースで開催される大会はチケット完売の超満員だったし、格闘技界の中でも「Ｋｒｕｓｈに憧れて」参戦してくる選手もいた。この調子で頑張って盛り上げていけば、Ｋ－１のようにデカいイベントになると思っていた。ただ、

「Ｋ－１を復活させたい」

「格闘技をもっともっと盛り上げたい」

そんな思いが強くなればなるほど、

「これは、普通に試合をやっているだけだと、チャンピオンになっても何も変わらないな」

と思うようになっていった。

Ｋｒｕｓｈは毎大会、後楽園ホールを超満員にできていた。ＣＳのスポーツチ

ャンネル「GAORA」でも放送されていたし、他の格闘技イベントに比べれば、メディアの露出は多いほうだったと思う。

でも、僕のことを知ってくれているのは、会場まで足を運んでくれる熱心なファンか、格闘技が大好きで「GAORAを契約して観る」マニアックな人たちに限られていた。

当時の格闘技は、ボクシングばかりが注目されているような状態で、僕は「何かやらないと、この状況は変わらないな」という危機感を持っていた。

## 『SASUKE』出場で知名度を上げる

それで、思いついたのは、K－1WORLD MAX（以下、K－1MAX）元王者の魔裟斗さんが以前やっていたみたいに、テレビにどんどん出ていって、名前を売ってK－1の存在を知らしめていたことだった。

早速、僕は知り合いのつてをたどって、ある芸能事務所に「入れてください」

と正面から申し出た。でも、事務所側の反応はこんな具合だった。

「Ｋｒｕｓｈって何？」

やっぱり知られてないんだ……。

格闘技業界の外側に向かってチャレンジしたことで、Ｋｒｕｓｈと自分自身の知名度の無さを痛感した。もっともっと頑張らなきゃいけないんだ、という思いを強くした。


他の芸能事務所を回っても、反応は思わしくなかった。

「何か協力できることがあればするけれど、あんまり仕事はあげられないかもしれないね」

仮に所属させてもらっても、事務所側の縛りが増えてしまうだけで仕事をもらえなければ、所属する意味はない。

だから、最初はフリーの立場で、自分から仕事を探し求めた。いろいろとアンテナを張るようにして、メディアに関係する人たちに会った時などには、「テレビにちょっとでも出られるチャンスがあれば、お願いします」と声を掛けた。オーディションの情報を聞けば、積極的に受けにも行った。

いちばん最初にオーディションに受かって、番組出演にこぎ着けたのが『SASUKE』(TBS系)だった。

当時の僕はKrushのチャンピオンになっていて、ベルトを持ってSASUKEのオーディション会場に行った。面接では「SASUKEへの気持ちを語ってください」という課題が与えられた。

そこで僕は、「格闘技をもっと広めていきたい」という気持ちを話した。すると、担当プロデューサーさんが、K-1MAXを手掛けていたことがわかった。「もう一回、K-1を復活させたいんです」と僕が話すと、そのプロデューサーさんはK-1が無くなるまでの事情を知っていたし、僕のことを「K-1MAXに憧れて東京に出てきた子なんだな」とわかっていてくれた。無事合格して、SASUKEへの出場権を得られた。

SASUKEへの出場は、2014年開催の第30回大会を皮切りに、2018年の第36回大会まで連続。「THE MATCH」の開催前年にあたる2021年の第39回大会に4大会ぶりに出場した。2017年の第33回大会でのファーストステージをクリアが、現状での武尊の到達点だ。

その担当プロデューサーさんとは、今もお付き合いがある。SASUKEは収録時期と試合が重なってしまい、しばらく出場できなかったけど、21年は久しぶりに出場することができた。

SASUKEはもともと好きで、ちっちゃいころから見ていた。

「いつか有名になって、アスリートとして番組に呼ばれたい」

その願いはかなったけれど、SASUKEは有名なアスリートでもファーストステージのクリアが難しくて、その様子を見て悔しかった記憶がある。

僕の自宅には今、SASUKEの練習セットがつくってあって、ジムにも懸垂《けんすい》やクリフハンガーの練習ができるような器具を付けて、時間があれば鍛えている。いつかアスリートとしてSASUKEをクリアしたい。それも、今の僕の夢の一つになっている。

## 水抜き減量中の温泉ロケで危険症状

新生K-1がスタートしたのは、2014年11月。僕は、Krushの58キロ級チャンピオンで、K-1では新設された「55キロ級」に出場した。

この軽量級での3キロ差はキツかったけれど、K-1の60キロ級には卜部兄弟がいたし、他にもたくさんの強豪選手がいて出場枠がない。K-1に出たいなら、55キロ級を選ぶしかなかった。

そして、その翌年となる2015年、『メンズ温泉』（BSジャパン）で僕のレギュラー出演が決まった。

この時は、オーディションに卜部兄弟と一緒に参加して、なぜか僕だけが合格した。僕にとっては、初めての大きな仕事だった。

この収録の時は、同年代の俳優やアイドルの子たちの中で、格闘家、アスリートは僕だけ。おかげで目立っていたし、メンバーの発表がスポーツ新聞に取り上げられて、出演後の反響も大きかった。


ただ、温泉番組とK－1の試合の両立は、めちゃめちゃ難しかった。

ちょうど温泉ロケの期間中と、試合前の減量が重なってしまった時は、温泉の入浴後に行なった練習中に、脱水症状で倒れてしまった。

試合の契約体重まで体重を落とすためには、まず体内から塩分を抜く。それで最後に体に残った水分を絞り出して、規定の体重をクリアする。だから、「体内から塩分が抜けている状態」で温泉ロケへ行くことは、かなりまずいことだった。

不安はあったけれど、番組のロケとなれば、出演者の僕は温泉に入らなくちゃいけない。一日中、温泉に入り続けて、どんどん汗と共に体内の塩分が抜けてしまっていたせいで、とうとう倒れてしまった。

「低ナトリウム血症」という症状で、その場では一旦おさまった。でも、翌日に練習をしていると、また全身が痙攣《けいれん》してきて、顔とかが全部引きつってしまった。試合に向けた減量の「水抜き」をしている最中で、「これ以上は危ない」と言われて、ポカリスエットやアクエリアスのような体に吸収される系の水分を飲まされた。

当然のように体重は増えて、すぐに3～4キロは戻ってしまった。それで家に帰って一晩寝て、翌朝からまた必死に水抜きをして、ようやく計量はパスできたけれど、あれはキツかった。

『メンズ温泉』は2015年7月から3か月間の放送で終わった。温泉ロケと減量の「二刀流」は……正直、もうやりたくない（苦笑）。

## 練習と営業活動で一日2往復、約5時間の移動

新日本プロレスの「百年に1人の逸材」こと棚橋《たなはし》弘至《ひろし》選手の本『棚橋弘至はなぜ新日本プロレスを変えることができたのか』（飛鳥新社）を読んだのも、ちょうどこのころだった。

棚橋選手は、地方の巡業の合間に現地のメディアに出演したり、大会のＰＲ活動でイベントをやったり、寝る間も惜しんで活動していて、すごいなと思った。

そうした地道なプロモーション活動を続けて、「Ｖ字回復」と言われるほどのブームをつくり出した。

「僕も棚橋さんと同じようにやればできるのかな」

そう思ったことだけが理由じゃないけれど、「一日も無駄にしたくない」と思うようになって、２０１５年辺りから休養日（丸一日休む日）をつくるのをやめた。

細かい仕事もガンガンやった。大会のPR、大会後の握手会とかも積極的に行なった。そのころは、ほぼギャラはゼロで、それが当たり前になっていた。ちょっとでもPRができる場所があれば、とにかく顔を出すようにしていた。

団体から来た仕事だけでなく、自分から売り込んでいく活動もずっと続けていた。何も仕事のない日があったら、番組のオーディションを紹介してくれる人たちに会いに行ったり、協賛してくれそうな企業の人、テレビ局の人を紹介してもらって、会食に参加したりとか、とにかく、いろんな人に会いに行っていた。

ありがたいことに、人とのつながりはどんどん増えていった。応援してくれる人たちが僕の周りには結構いて、よいチャンスをくれそうな人を紹介してくれた。当時は「ためになると思うから」と、紹介された人には基本的にほぼ全員会った。

そのころの僕にはマネージャーがいなかったので、すべて自分で対応しなければならない。自分の連絡先を記した名刺をつくって、直接やり取りをしていた。

僕は当時、チームドラゴンの「龍道場」のある東京都町田市に住んでいた。午前中は都心で仕事をして、午後は町田に帰ってきてから練習をする。これで、車の移動が往復約２時間。夕方ごろに練習が終わると、再び都心に行って、仕事をしたり、人に会ったり、会食に参加するというのが、いつものスケジュールだった。

町田と都心を一日２往復は当たり前で、高速代だけで月５万円以上かかっていたし、一日５時間近くも移動に割《さ》かれてしまう。「都心に家を借りたほうが安上がりなんじゃないか」と思って、Ｋ－１の２階級制覇をして収入も安定してきたころ、ようやく23区内に引っ越すことができた。これで、家と町田の１往復で済むようになった。

２０２２年の天心戦が決まった時、それまでの僕の活動を知っている人からは、「自分で動いて、とうとう試合を実現させたね」と言われたけれど、Ｋ－１の地上波放送復活や、格闘技を盛り上げるためのプロモーション活動は、ずっと前からやっていた。天心戦だけのためにやってきたんじゃなくて、天心戦はあくまでその延長線上だった。

天心戦について僕が動いてきたことは、このあとで詳しく話そうと思う。

ちなみに、あの試合が決まるか決まらないかという交渉を続けていた2021年、僕は自宅近くに個人の練習場をつくった。

練習と仕事だけでなく、試合の交渉の機会もたびたび入ってくるようになったので、「いつでも練習したい時にできるように」と、個人でサンドバッグを蹴ったり、ランニングマシンで走るようなスペースが確保できるような物件をずっと探していて、ようやく見つけたものだった。

「個人練習のために、都内に自分専用のジムをつくったなんて、初めて聞いた」と周囲からはよく言われた。たしかにお金はかかったけれど、僕は自分の目的に向けた投資にはお金も時間も惜しまない。ブランドものを好んで買うわけでもないし、ふだんから派手なお金の使い方をしているわけじゃない。そこは、考え方の違いじゃないかなと思う。

## 「天心とやれ！」の大合唱と誹謗中傷

世紀の一戦、那須川天心対武尊が実現したことに対しては、一般のファンよりも格闘技界の中にいる選手や関係者のほうが驚いたのかもしれない。なぜなら当時、武尊が所属するK－1と、那須川が所属するRISEの関係が複雑な時期だったからだ。そんな状況下で、武尊は誰よりも早く、最も精力的に、試合実現に向けて動いた。ややこしい交渉事に、選手本人が前面に立って臨んだことは、ほぼ前例のない話だ。

誰に聞いても「絶対に無理だ」って言われたし、「実現するにしても、10年後とか？」くらいに、現実的じゃないっていう意見が多かったのは事実。「やれるよ」と言ってくれる人は、誰もいなかった。格闘技界では、おそらく

「幻に終わるカード」と見られていたと思う。

そもそもの始まりは2015年、天心選手がK－1の会場に来て、試合が終わって花道を引き揚げる僕に向かって、「大みそかのRIZINでやりましょう」と声を掛けたことだった。

天心選手がRISEで活躍していたことは僕も知っていたけれど、まさか「戦いたい」とアプローチを仕掛けてくるとは思ってもみなかった。

当時の僕には、「K－1の地上波復活」「魔裟斗さんたちのK－1MAXを越えたい」という目標が何をおいても最優先だった。そのために「新生K－1のカリスマ」という看板を自ら背負って試合をして、格闘メディアだけじゃなく一般メディアにも出演して、イベントにも積極的に出ていくなど、多忙な日々を送っていた。天心選手との対戦を考える余地などなかったくらい。

でも、世間の風向きが変わったなと感じた出来事はあった。

2018年の大みそかのRIZINで、天心選手と、レジェンドボクサーのフロイド・メイウェザー・ジュニア選手のエキシビションマッチが開催されると発表された。

メイウェザー対天心が発表されると、僕のSNSには「天心とやれ」「天心から逃げるな」と凄《すさ》まじい数のメッセージ、誹謗中傷も含むリプライが書き込まれるようになった。

その後、K－1でどんなに勝ち続けても、「天心とやれ」の大合唱はやまなかった。そうした反応を見ているうちに、僕の中でも「天心選手に勝って、K－1最強を証明するしかない」という思いが固まっていった。

最初に「天心選手と戦いたい」と相談したのは、サイバーエージェントの藤田晋社長だった。「THE MATCH」はその後、めぐりめぐってABEMAでのPPV中継に最終的に決まった。最初にお話しした藤田さんのところに縁があったなんて、「なんだか凄いな」と不思議に思った。

藤田さんとは面識があるわけじゃなかった。そのころは、こういった相談のできる人が僕の周りにいなくて、「天心戦を実現させてくれそうな、いちばん力のある人は誰だろう」と考えた末に、知人から藤田さんを紹介してもらうことになった。

藤田さんからは「会食後なら時間をつくれる」という返事が来て、僕は夜遅めの時間に指定されたバーに行って、そこに藤田さんが来てくれて相談をした。これが僕が天心戦に向けて動いた、いちばん最初のアクションだった。

あとで考えたら、とても失礼なことを言ってしまったかもしれないけれど、そのころの僕の中には、「試合を地上波に乗せたい」という思いが強かった。

「どうにかして天心戦を実現させたいです。その試合は、やっぱり地上波中継でやりたいんです」

自分の思いを素直にぶつけてみると、藤田さんは嫌な顔もせずに、こう言ってくれた。

「それ、できるようにしたいね。こちらでできることがあれば、やるね」

## 試合をしながら交渉を繰り返す

メディア関係でいえば、そのずっとあとになるけれど、フジテレビにも足を運んだ。つてをたどって、フジテレビの編成局長さん、つまり番組の構成を決めるいちばん偉い人に会いに行って、「ぜひ中継をしてください」とお願いした。

K－1の中には、まだこのカードに乗り気じゃない人がいるということを僕もなんとなく感じていたから、最初は目立たないようにして独自に動いていた。

メディア側だけじゃなく、天心選手サイドを説得すればいけるのかもしれないと思って、スポンサーの関係者などにも会ったし、RIZINの人にも会って、榊原《さかきばら》信行社長につないでもらったこともあった。

その間にも試合をしながらだったから、僕自身で交渉にあたるのは本当に大変なことだった。しかも、組まれるのは大きな試合ばかりだったので、練習と調整をおろそかにはできない。おかげで、体力もメンタルも、だいぶ削られてしまった。

このまま僕が主になって直接交渉を続けるのはもう限界だ、と感じ始めていた時、K-1のアドバイザーをしていた株式会社ブロンコスの代表、関巧さんに相談した。

「じゃあ、俺が一緒に行くよ」

関さんに入ってもらって、やっと関係各所がつながり、だいぶ話し合いはスムーズになった。それでも話は二転三転して、何度も「いよいよやれそうだ」となってはダメになることの繰り返しだった。

実現までの2~3年は、ひどい時には毎週、試合開催に向けた話し合いをしていた。それも、会うたびに全員言っていることが違ったりして、誰が本当のことを言っているかがわからない。

こっちはRIZIN側の人と話して、間に入っている人と話して、K-1側の人と話して……それでも言っていることが違うことがある。だから、いつになっても話がまとまらなかった。

全員が集まって話せば、すぐ終わる話なのに……。

そんなふうに思い始めると、交渉をすることがますます嫌になっていく。これはもう無理かな……と、あきらめかけたことは、数え上げたらきりがない。

マッチメイクの話については、そもそもは団体内で済ませる話だと思う。それが今回は団体を越えての試合だし、交わることのない両団体だったから、話はいつでも食い違う。お互いにコンタクトを取ることも一切ないような関係を、どうつないで話し合いの場をつくって条件を詰めていくか。ここではとても書けないこともたくさんあったし、本当に難航した。

## 試合直前まで難航した条件交渉

試合をすることが決まってからも、体重だったり、試合の契約内容などで折り合いがつかないと言われて、何度も交渉を重ねた。それでも、まとまらなかったこともあった。

2021年の大みそかに試合をやるという段階にまでこぎ着けたものの、条件面で合意してもらえずに開催を決められなかった。結局、その年の年末12月24日になって、ようやく「THE MATCH 2022 那須川天心対武尊」の発表記者会見を開くことができた。

この時も直前まで交渉が続いていたことは、あまり知られていないと思う。

僕は「どんなルールでもやります」と最初から言っていて、試合のルール、リングの広さ、グローブの大きさも、向こうの要求をすべて呑むつもりだった。ただ、試合の契約体重に関しては限界があったので、「ここまでしか落とせません」という話を伝えていた。

最初は「58・5キロでOK」と言われたのが、58キロになってしまった。さらに「当日計量で5キロまで（増やせる）」という話が4・5キロに下げられたうえに、発表会見の当日に「増やせるのは4キロまで」と言われてしまった。僕はこう言うしかなかった。

「わかりました、4キロで」

そのころは、天心選手に直接会わせてもらえなかった。

誰が本当のことを言っているのかわからなくなっていたこともあって、できれば本人の思いを直接聞いておきたかった。話し合いの時には代理人と思われる人が来て、「本人（天心）はこう言っています」とか「このルールでは試合はできない」と言われた。

試合が決まらないストレスを抱えながらも、いつ決まっても試合ができるように、追い込み練習は続けなければならない。そんな期間が半年以上続いた。

僕も苦しかったけれど、追い込みにずっと付き合ってくれた雅和さん（渡辺雅和トレーナー）や、一緒に交渉してくれた関さん、僕の周りで応援してくれた人や支えてくれた人たちも、それぞれ苦しい思いをしていたと思う。

だから、僕はストレスを抱えながら、こう誓った。

「絶対に勝つ。勝つ姿を見せて、協力してくれた人や応援してくれた人たちに恩返しをする」

試合までに溜め込んだストレスを、すべて戦うエネルギーに換えて、試合で大爆発させてきたのが「武尊スタイル」だ。

THE MATCHの結果は、みなさんご存じの通り。あの試合も、僕なりにエネルギーの爆発はできていたと思う。でも、敗北という結果は、僕にはとても重たいダメージになった。

# 第2章

# ユメノチカラに導かれて

# 才能と体にめぐまれなくてもできること

僕は最近、講演会で話をする機会が増えている。特に多いのは子供たちが集まる場所。そういう時に主に話すテーマは、「夢の見つけ方」や「夢を実現させる方法」だ。

僕が実際に体験してきた格闘家人生を話すと、子供たちからは驚きの声が上がる。

「そうなんですか⁉」

「えー、昔から強かったんだと思ってました」

K－1チャンピオンだということを話すと、聞いている子たちは「子供のころから空手を始めて、すぐに強くなって、K－1を始めると才能を開花させて勝ち続けてチャンピオンになった」というイメージを持つらしい。

K－1のチャンピオンもいろいろで、僕とK－1ジム相模大野「KREST」

で一緒だった野杁《のいり》正明選手は、まさに「子供のころからずっと強かった人」。故郷の愛知県を中心に「天才・空手少年」として有名で、高校1年生でK－1甲子園全国制覇をして、格闘技界にその名を轟《とどろ》かせた。プロになるとKrushやK－1など様々なリングで活躍して、現在までK－1の2階級制覇を達成している。

僕はまったく違う。同年代の天才・空手少年少女たちを横目に、負けてばかりだった。

そもそも空手を始める前に、人生初の挫折をしている。

最初にかっこいいなと憧れたのは、「プロレスラー」だった。大きくて、強いプロレスラーに憧れて、「将来はプロレスラーになりたい」と思っていた。でも、学校の図書室に入って左隅の本棚にあった、いろんな職業を解説する本を読んで、見つけてしまった。

その本には、職業の一つとしてプロレスラーのページがあり、「新日本プロレス」「全日本プロレス」の選手募集要項も書いてあった。新日本プロレスは身長

180センチ、体重90キロ以上が応募条件だった。

ああ、僕じゃ無理なんだ……。

まだ小学2年か3年だったと思う。これから身長は伸びていくだろうけれど、両親共に決して背が高いほうじゃないから、「自分は180センチにはなれない」と子供ながらに思った。現実を突きつけられて、未来に向けた思いは簡単にへし折られてしまった。


ちょうどそのころ、K-1が盛り上がってきていた。

その中でも、アンディ・フグ選手を見て、かっこいいなと思った。ヘビー級の中では小柄だったけれど（とはいえ180センチはあった）、すごく筋肉隆々の体をしていて、自分より遥かに大きな選手をKOしていく姿に憧れた。

アンディ・フグ選手を真似して、筋トレをしたり、空手の道場にも入門した。

でも、どこかでまだ自分とは遠い世界と思っていた。

そんなある日、衝撃の出会いをする。K-1 WORLD MAXの魔裟斗さんが出てきた時。

魔裟斗さんは、平均的な男性とそんなに変わらない体格（体重70キロの階級）で、世界のライバルたちに勝ってK－1チャンピオンになった。

「K－1チャンピオンになるには、巨体である必要はないんだ」

これで僕の夢は決まった。

もし、魔裟斗さんがいなくて、K－1がヘビー級ファイターたちだけの団体のままだったら、プロレスと同じように「自分はそんなに大きくないから」と、あきらめていたかもしれない。

## 憧れの人の真似から始まった夢への道

講演会やイベントに来た子供から「夢がないんです」と相談された時、僕はこんな話をする。

僕がK－1チャンピオンという夢を持つまでに、どんな過程をたどってきたのか。

最初はK-1を見て、アンディ・フグ選手がかっこいいなと思った。アンディ・フグ選手の筋肉隆々の体を見て、あんなふうになりたい、と思った。「じゃあ、ちょっと筋トレしてみようかな」

そして、本格的に格闘技を始める前だったけど、キックとかパンチとか何か動きを真似したりして、「ちょっとずつ近づく努力」を始めた。

ここが「夢を持てる人」と「夢を持てない人」の分かれ目じゃないかな、と思う。


憧れの人、かっこいいなと思った人を見て「自分とはまったく別の人」と思わずに、近づく努力というか、自分でも何か「真似」をしてみる。

自分でやってみると、だんだん「あ、これはできるんじゃないか」「この動きもできるんじゃないかな」となっていく。そうしたら「これを目標にしよう、これを夢にしよう」ということが具体的に見えてきて、僕は空手道場に通うようになった。

それが他のジャンルでも、例えば歌だったら、実際に歌って真似をしてみて、いい声が出るようになってきた。だったら、もうちょっと本格的にやってみよう、って。自分で近づく努力、「真似をしてみる」という具体的な行動を起こした時点で「夢」になっていると思う。


いろんな人、特に子供の話を聞いていると、具体的に何か行動をしてみる前に「自分なんて」とあきらめてしまう人が多いな、と思う。

実際にやってみる。簡単にできそうなこと、小さなことから真似をして「自分で近づく努力」をしてみると、夢が見つかるかもしれない。

## 屈辱をバネにして自信を取り戻す

子供のころにK－1チャンピオンという夢を見つけて、その夢に向かって歩んだのが僕の人生。

ただ、その道のりは険しいものだった。


あまり言いたくはないけれど、僕は才能がなかった。

「全然、大したことはなくって……」なんて、よくある謙遜《けんそん》で言うのとは違って、本当に格闘技の才能がなかった。


ちっちゃいころは、めっちゃ泣き虫。家で怒られたりしても、ただ泣くだけだった。お父さんは単身赴任でずっと家にいなかったし、家ではお母さんと姉と妹の中に男は僕一人。そのせいか、もともとの性格なのか、「人に対抗しよう」みたいな気持ちがあまりなかった。

K－1チャンピオンを目指して空手を始めてみても、同い年の男の子にも女の子にも負けてしまう。

試合に出ても、同じ道場の子たちで優勝したり、ベスト8とかトーナメントを勝ち進む子がいる中で、僕だけはいつも1回戦負けだった。空手の遠征に行くと、帰りのバスの中は、優勝や入賞のトロフィーを持って騒いでいても、僕だけは入賞もできずに何も持ち帰ることができなかった。

すごく悔しかったし、屈辱だった。

練習の時も、僕はすぐに倒されていた。道場の先生が厳しくて、稽古のたびにいっぱい倒された。いくら頑張って練習しても、負けて帰るだけの日々だった。

「そんなにやられてばかりだったら、つらくて苦しくて、空手は楽しくなかったでしょう？　よく辞めなかったですね」

幼少期の空手体験を話すと、みんなそんなふうに不思議がる。

何度も「辞めたい」と思ったし、「道場に行きたくない」と泣いて嫌がったこともあった。

だけど、空手は自分から「通いたい」と言い出して始めたことだったし、親からも「やると決めたら最後までやりなさい」と言われていたから、それ以上は何も言えなくなって、我慢して道場に通うしかなかった。

道場に通いだして2年間、道場でも試合でも負け続けているうちに、僕の体や心は少しずつ強くなっていった。やられっぱなしの状態から、反撃や打ち合いができるようになって、少しずつ勝てるようになった。

「練習すれば勝てるんだ」

そう気づいたのは、小学5年のころ。普通の練習時間以外にも、居残り練習もするようになっていた。

「弱くて泣き虫の自分」を克服することで、僕は性格まで変えることができた。少しだけ自分に自信を持てたことが、大きな理由だと思う。

## 「自分は強い」と思えないことの強さ

子供のころに空手で「負ける屈辱」をたくさん味わったことは、とても役に立ったし、今になって考えると、負けることもそんなに悪いことじゃないな、と思う。

ただ、心のどこかに「負ける屈辱」は今もしみついている。それはプロで20連勝、30連勝して、目標の「K－1チャンピオンになること」を達成しても変わらない。


僕にはいまだに、「自分は強い」と思えていないところがある。

だから、必死になって練習する。怪我《けが》をするかしないかの限界ギリギリまで自分を追い込む。「俺には才能がある」という自信があれば、そこまで練習をしなくても、強さを保てると思う。

今だって、試合前になると、気持ちがものすごく切羽詰まって、ひたすら練習しなくちゃ収まらなくなる。夜に眠れなくなって、走りに行ったりすることもある。

24時間ずっと「もっとやらなきゃ、もっとやらなきゃ！」という思いに駆り立てられるせいで、疲労が溜まってオーバーワークになって体調を崩したり、怪我をすることもある。

「そんなにやらなくていいのに」

とよく言われるけれど、僕の中には「自分は弱い」「人一倍練習をやらないと強さを保てない」という思いがあって、練習で手を抜けない。

K－1で3階級のチャンピオンベルトを獲れた時も、死ぬほど練習したから結果を残せた。

「あの時くらいやらないと、自分は強さを保てないし、強くはなれない」

そうした考え方から離れられない。慢心なんてできない。

K－1、Krushのリングで僕が34連勝できたのも、普通の人はたぶん、「10連勝、20連勝」したら「俺、イケんじゃん？」となると思う。

僕は連勝している間、一度もそうは思わなかった。

「次の試合は大丈夫かな。次の試合で負けるんじゃないか……」

いつもそんな恐怖と闘っていた。

どれだけ自分が上がっていっても、いまだ「自分を強いと思えない」ことは、逆に、僕の強さかもしれない。

でも、それは自分の心の中にしまっていたことで、「自分に自信がありません」なんてわざわざ言いたくはないし、今までもそういう言葉は極力出してこなかった。

インタビューを受けたら「自分は強い」と言い切る。心の中では「やっぱり自分は弱い」と思っているから、練習でギリギリまで追い込むし、もっともっとやんなきゃ、というモチベーションにもなる。

「自分の弱さ」を自分からわざわざ表に出している人はあまりいないと思うけれど、内心で思っている人は絶対にいると思う。

何かで成功を収めた人の中にも、「天才型」で成功している人と、才能はないが「努力」で勝ち進んできた人がいて、どっちの人にも共通するのは、心のどこかに「自分はまだまだ努力しないといけないんだ」という気持ちを持ち続けているということじゃないかな、と思う。

いろんな分野に知り合いができて、それぞれのジャンルの成功者たちと話していると、天才型は少なくて、陰で努力を続けている人が多いように思う。努力し続けなければ自分はダメなんだ、という自己分析がしっかりできていると思う。

## 「こうしたら勝てる」と徹底的に考え抜く

すでに話した通り、子供のころの僕は空手の稽古のたびにいっぱい倒されて、何度も「やめたい」と思うことがあった。

そんな僕が、胸を張って空手をできるようになったのは、高校生になってから。

そのきっかけになった試合のことは、今もよく覚えている。

高校2年だった2009年、西日本プロアマトーナメントに出場した。

出場者の中には、プロで新人王を獲得して頭角を現していた勇苡馳《ゆういち》選手がいた。強くてかっこよくて、憧れていた人で、トーナメントではもちろん優勝候補。僕は対戦を直訴して、トーナメントの一回戦で勇苡馳選手と組んでもらった。

対戦相手が決まってからは、「練習の質」がグッと上がった。「あの人に勝つにはどうしたらいいんだろう?」と、ずっと考えて練習してきたから。僕はこの試合に勝つことができた。

優勝候補に勝ったという時点で、僕はもう優勝したぐらいの気持ちになっていて、2回戦以降はまったく緊張しなかった。当然だけれど、その後の相手も強くて、決勝戦の選手はめちゃめちゃデカかった。身長180センチ、体重も70キロぐらいから落として60キロの試合に出てきていた。

僕はふだん、57キロぐらいしかなくて、この大会では一つ上のライト級で参戦していた。向かい合うと体格差はめちゃめちゃあったけど、負ける気はしなかった。

「勇苡馳選手に勝ったんだから、他の人に負けるはずがない」

この時に「自分を信じる気持ち」の大切さを知った。

「負けるはずがない」と思い込んだせいか、体が勝手に動いて、試合を優位に運ぶことができた。この日のトーナメントで、僕は優勝した。

憧れの人に勝てたことは、大きな自信になった。それまではまだ、本当にプロでやっていけるのかわからなかった。でも、このトーナメントの3試合中2人がプロの日本ランカーで、そんな猛者《もさ》たちを僕は倒すことができた。

「自分はいけるんじゃないか？」

そう思うことができるようになってきた。

もう一つ、この時のトーナメント優勝で学んだことがある。

大会に向けて、頭の中で「こういう展開に持ち込めたら勝てるんじゃないか？」とイメージをしながら練習に打ち込んだ。

もし、試合の前から「プロに勝てるわけない」と思って練習をしていたら、きっと勝てなかったと思う。

自分で考え抜いて、「あの人には、こうしたら勝てる」とシミュレーションしながら練習して、それを自分の中で徹底して信じてきた。

「練習通りにやれば、絶対に勝てるんだ」

僕は天才じゃない。だけど、自分よりも優れている人に勝つ方法を、トーナメントで学ぶことができた。

大事なことは、「絶対に勝つ」と自分自身を信じぬくこと。

そう自分に思い込ませると、自然に「そのためには何をすべきなのか」を考えるようになる。今思えば、あのころの僕は、間違いなく実力が伸びていたと思う。

仕事でも「伸びる時期」がある。やることが決まっているのだから、「これをやるのはどうしたらいいのか?」を常に考えながら、積極的に取り組む。

そういう姿勢が大事なのかな、と思う。

## 「自分の感覚」を信じれば気持ちは強くなる

講演会やファンイベントで質問コーナーをやると、必ずと言っていいほど聞かれることがある。

「どうやって『気持ちの強さ』を手に入れたんですか？」

自分で「これだ」という回答はないけれど、強い気持ちで臨《のぞ》めたのは、先ほど話した西日本プロアマトーナメントだった。

今、僕は試合でも練習でも、格闘技以外の仕事をする時も、「自分の感覚」をすごく信じている。

ちっちゃいころは、何でもお母さんに相談していた。

「これはどうすればいいの？　あれはどうしたらいいの？」といちいち聞いてからでないと、何もできないような子供だった。

そうした受け身から、ガラッと変われたのは高校生のころ。自分の感覚を信じられるようになってきてから。

試合が決まれば、「この人にどうやったら勝てるのか」を考えて、練習方法とかも自分で決めて、計画を立てる。

ランニングをしていても、その都度、やり方を考える。ここからあそこまでの電信柱10本分をダッシュしよう、とか。

そのあとの休憩を挟んで、またダッシュというセットを繰り返しながら、自分の置かれた状況を考える。次はトーナメントがあるから、今日はダッシュを多めにやってスタミナをアップしよう、という具合に。

## 心折れても「夢」が引き戻してくれる

いくつもの挫折があったけれど、僕はそれを越えてきた。

「最終目標」をしっかりと持ち続けていると、「そこに行けない自分」はあり得ない。

途中で「無理だな」「嫌だ」「やめたい」ということは、何回でも思った。でも、ちっちゃいころから持ち続けている夢がある僕には、その夢にたどり着けない自分というのは考えられなかった。

「K－1チャンピオンになる」

「格闘技で成功する」

その夢があるから、それ以外の道は見えなかった。ブレずに突き進むためには、強く夢を見る力、夢を持つ強い思いがなければいけない。

最初に入った高校を退学になった時、僕は一時的に格闘技から離れることになってしまった。所属していたボクシング部も辞めることになったし、退学になったことで空手の先生たちにも顔向けがしづらくなって、道場からも遠ざかってしまった。

その時は、この先に格闘技以外の違う可能性はあるのかを探してみた。

友達から「夜のお店を手伝わないか」と誘われたけれど、自分の思っていたものとは全然違っていて、「僕が進みたかったのは、こういう道じゃない」と思って断った。

ちゃんと働いてお金を稼ぐ方法はたくさんあった。でも、いくら考えても、その先にこれまで自分が考えたような「将来」は見えなかった。ずっと「格闘技で成功するんだ」と思ってやってきたから、それ以外の選択肢が思いつかなくて、どうしてもしっくりとこなかった。


僕は、高校にもう一回入り直すことにした。新たに格闘技のジムを探して、キックボクシングを始めた。さらにその後、一層の強さを求めて、ムエタイを学ぶために単身でタイへ渡った。

くじけても、挫折しても、僕は自分の中に確固としてあった「夢」に引き戻され、そこへ向かって行った。軸となる夢、将来像を自分の中で強く持っていたことは、本当に大きかった。

強く「こうありたい」と思う夢があれば、途中で何かあったとしても、そこから元の軌道に戻るための方法を考えるようになる。

夢がなければ、どんどん道を逸《そ》れていってしまったと思うし、今ごろ、僕はどうなっていたのか……。

だから僕は、子供たちや年下の若者たちを前に語る時、「夢を持つこと」の大切さを話す。

僕の人生は、K－1と格闘技に救われたと言っても過言じゃない。

# 第3章
# 逆風だらけの世界で

## 歯車が狂い始めた高校時代のこと

武尊のプロフィールをなぞれば、格闘家として順調にキャリアを積み、Ｋｒｕｓｈ、Ｋ－１のチャンピオンとなり、Ｋ－１のカリスマに上り詰めたかに見える。だがその裏側では、常に逆風にさらされ、壮絶な戦いを強いられてきた。

今までにくじけたり、挫折したことはたくさんあった。だけど、僕は常に「世界最強のＫ－１チャンピオンになる」という夢、自分の人生における最終目標を持っていた。それが支えとなったおかげで、潰《つぶ》れてしまうことはなかった。

前にも話したことだけれど、「最終目標に行けない自分はあり得ない」という強い信念があった。「無理だ」「嫌だ」「やめたい」と思うたびに、自分が子供のころに描いた夢を思い出す。

「K－1のチャンピオンになる。格闘技で成功する」

道を逸れてしまうこともあったけれど、夢や目標を持っていたから「そこ」に戻るための方法を考えて、回り道をしながらも、最終的に戻ることができた。

高校生のころを振り返ってみたい。

僕は当時、熱中していたボクシングを高校でやりたいと思っていた。だから、ボクシング部のある学校を選んだ。入学後、「さあ、ボクシングを頑張ろう」と思っていたところで、僕は高校を退学処分になってしまった。

高校は学区が広いから、いろんな中学校から生徒が集まってくる。だから、「舐《な》められないようにしなければ……」

そんな気持ちを常に持っていた。自《おの》ずと態度や言動は悪くなるし、素行も乱れてくる。しかも、高校生になると中学時代よりも活動範囲が広がるから、他の学校や他の地域の人たちと会う機会が増えていく。

今思うと、僕は精一杯、「自分を強く見せようとしていた」と思う。チャラチャラした格好をしていれば強く見えるだろう、あのころはそう信じていた。

でも、歯車は狂い始めた。小学2年生から通っていた空手に通わなくなったことが、その兆《きざ》しだった。

それはたぶん、中学3年の終わりごろ。僕は髪を金色に染め始め、耳にはピアスの穴を開けた。

見た目がチャラくなっていくのとほぼ同時期に、空手の道場から足は遠のいてしまった。

ちゃんと道場に通っていたころは、「練習しているから強い」と自分に自信を持てていたのに、通わなくなるとそれは完全に消えた。「見た目だけでも強くいないとダメだ」となっていった。

## 空手もボクシングも友人も奪われて

高校生になってからは、毎週のようにピアスを開けていた。

穴を1個開けると、「ちょっと暇だな、じゃあ、もう1個開けるか」と、理由にもならない理由で、片耳に5、6個は開けていた。

その当時、こんな噂が僕らの間では信じられていた。

「耳の柔らかいところじゃなくて、軟骨のあるところに穴を開けられれば、根性がある証拠」

だから、僕は軟骨のところにピアッサーを使わず、耳の裏側に消しゴムを固定して、耳に安全ピンを刺して、消しゴムに当たるまで貫通させた。そんな荒っぽい方法ができるやつが尊敬された。まさに、根性で開けるやり方だった。

こんなことを続けていても、何もならないことは自分でもわかっていた。

「僕は努力しないと、強くはなれない……」

その思いは常にあった。でも、そこから引き返すことが、当時の僕にはできなかった。

ここでは言えないようなやんちゃなことをして、退学することになり、大好きだったボクシングからも離れなければならなくなった。

その時の自分の姿では、空手道場の先生に会わせる顔なんてない。高校を辞めてしまったことは、お母さんから道場の先生にも伝わっていた。だから、空手に復帰するという選択肢も失ってしまった。

この状況はさすがに「まずい」と自分でも強く思って、別の道の可能性はないかと模索してみた。でも、毎日のように夜遊びして、朝までお酒を飲んだりしていた僕にとって、企業に就職して、お金を稼いでいる自分の将来の姿は、全然見えなかった。

「格闘技を絶対にやるんだ」「K－1のチャンピオンになって、格闘技のプロとして生活するんだ」と決めて、ちっちゃいころからその夢を追いかけてきた僕に、それ以外の選択肢は思いつかなかった。

空手の練習もできない、ボクシングもできない。高校を辞めてしまって、友達にも会えなくなった。この時、学校側から友達と連絡を取り合うことも禁じられ、携帯電話に登録してあった友達の連絡先を消されて、学校を辞めたあとは一切関わるなと言われていたので、誰かと話をすることもできなくなった。

楽しかった時間が無くなって、子供のころからの夢も完全に遠のいてしまった……。

それからは昼ごろ起きて何もやることがなく、自分の部屋に引きこもって、ずっと呆然として過ごす毎日。僕はどんどんメンタルをやられてしまった。

## 夢の喪失と「うつ」発症、自殺未遂

「うつ」の症状を発してしまう人の特徴として「セロトニンが出なくなること」

があるようだ。

セロトニン＝脳内の伝達物質の一つ。脳内で喜びや快楽などを伝えるドーパミン、恐怖や驚きを伝えるノルアドレナリンをコントロールして精神を安定させる働きがある。「幸せホルモン」ともいわれる。

セロトニンが出なくなると、人間は手っ取り早くセロトニンを出そうとして、様々な行動に走るらしい。モノを手当たり次第に買いまくる「買い物依存症」になる人もいる。僕の場合、それは過剰な食欲となって現れた。

退学になる前から、たびたび試合のための減量をしていたこともあって、体重調整のために食べられない時があった。試合が終わって減量から解放されると、その時も過食症みたいにひたすら食べ続けていた。

寝ていてもお腹が減るから、起きて延々と食べて、また寝て――。どうしても体重は増えていく。でも、次の試合が迫ってくるから、また痩せなきゃいけない。

この繰り返しだった。

たぶん、このころから、僕のメンタルはじわじわと不安定になっていたと思う。その時はキックを始めていたから、試合のたびに減量があった。うつで過食症になっていたから食べるのはやめられないけれど、試合までには体重を落とさなければいけない。だから、食べたあとは無理やり吐き出す。こんな体にも心にも悪い方法が、長続きするはずがない。やがて自律神経が乱れ、とうとう僕は心を病んでしまった。

「生きてる意味ってあるのかな?」

格闘家になりたい、チャンピオンになりたいという夢をかなえる、そのモチベーションでここまでやってきたのに、それをすべてなくしてしまった。自業自得と言えばそれまでだけれど、支えになってきた夢を失った僕には、この先の人生を「何を楽しみに生きていけばいいのか」がわからなくなってしまった。

そういう時に、僕に近寄ってくる人たちもいた。あまり詳しくは話せないけれど、決して筋のいい人たちじゃなかったし、一緒にいて楽しいと思える人たちでもなかった。でも、そのころの僕は、そんな人たちと一緒にいる時間ぐらいしか、自分が生きていると思える実感が持てなかった。


つらくて、苦しくて、何度か自殺未遂みたいなこともした。

岸壁から海に身を投げようとしたこともあったし、自宅のコンクリートの壁に1時間ぐらい、ずっと頭を打ち付けたりして血だらけになったこともあった。

お母さんが僕の異常な行動に気づいて、すぐに病院に連れていったことから、うつ病だと診断された。

病気の症状だったんだ……。

ようやく、自分の心と体がどんな状態にあるのかがわかった。

## 現状を変える方法なんていくらでもある

そう気づかされたことで、僕の中で考え方が一変した。

それまでは、なぜ自分がこんなにつらくて苦しくて、毎日重苦しい気持ちを抱えているのかが全然わからなくて、「もう死ぬしかないのかな」とまで追い詰められていた。

でも病気の症状だったのなら、治療を受けて治せばいい。

僕の場合、病院で処方された精神安定剤などの治療薬を飲んだら、ネガティブな気持ちがちょっとずつなくなっていった。

もちろん、薬なので気持ちの変化には違和感が残ったけれど、薬を飲んで気持ちが少しずつ落ち着いてきたことで、「ああ、これが普通の状態なんだ」と、本来の自分の状態に気づくことができた。

あれ以来、僕は一度も「死にたい」と思ったことはない。

メンタルをやられてしまったのは、この時だけじゃない。プロになってからも、つらいことや苦しいことはたくさんあったし、今だって昔ほど重たくはないけれど、それは続いている。

パニック障害やSNSの誹謗中傷に苦しんだりもした。それでも一度も「死にたい」とは思わなくなった。少しずつでも、不安定になりがちな心を自分で飼いならすことができるようになっていたのかもしれない。

原因がわからないまま、ただ、つらい、苦しいと思い続けている状況から脱することができたのは、お母さんが病院に連れていってくれたおかげだ。うつの症状から心の不安定が起こっているとわかったことで、僕は「これでやっと打開策が見つかった」とホッとすることができた。

病気だと診断されたことでさらに落ち込むということはなくて、むしろ道が開けたように思った。

あのままでいたら、どんどん危険な状態になってしまったと思う。あまり考えたくはないけれど、もうこの世にいなかったかもしれない。

報道などで、若い子の自殺のニュースを見るたびに、10代だった当時の自分を思い出す。

あの時の僕のように、病気だとは気づかず、毎日つらくて苦しい思いを抱えている理由がわからず、そこから抜け出すための方法も浮かばずに絶望してしまい、自ら命を絶つことを選んだ人がいるかもしれない。

僕もそうだったけれど、まだ人生の経験の浅い若い人は、逃げ場をなくしてしまいがち。追い詰められたところから、どう動けばいいのか、どうすれば解決できるのかなんて、なかなか浮かんでこない。

もし今、重苦しい気持ちを抱えている人がいたら、恐れずに医師の力を借りてみてほしい。誰も相談する人がいなかったら、この本で記した僕の話を思い出してほしいと思う。

現状を変える方法は、誰にだってまだまだあるのだということを。

## 悪いことを悪いことのままで終わらせない

座右の銘を聞かれると、必ず挙げる言葉がある。

「ピンチはチャンス」

これは、お母さんがいつも言っていた言葉だ。

試合中にピンチに陥《おちい》った時でも、思い切って前に出てみれば、チャンスは転がっていることに気がつく。

試合で殴り合いになった時、こっちが一発食らってグラッときてしまうと、相手はすかさず「効いた！」と思って攻めてくる。ピンチだ。でも、そういう時こそ相手をじっくり見ること。力《りき》んで大振りになって、攻撃が雑になることがある。これは僕にとって絶好のカウンターのチャンス。一発逆転のチャンスになる。

こんなシチュエーションに出くわすたびに、お母さんが言っていた言葉を実感する。

子供のころ、僕が問題を起こして、学校から呼び出された時も、まったく動じていなかった。

「こういう時の対応で、逆転できるかできないかが決まるよ」

何かしでかしてしまった時に、それをただ悪い経験だったとして終わらせるか、教訓にして改善していくか。

「次から良いことができるようになれば成長だし、絶対にプラスに変えられるから。悪いことを悪いことのままで終わらせちゃダメ」

そんなふうに言われて、僕は育った。

これまでに受けたインタビューでも明かしたことだけれど、うちのお母さんは元ヤンで、「相当な問題児」だったらしい。

いろんな経験をしてきて、いろんなピンチを乗り越えてきた教訓が、「ピンチはチャンス」だった。

僕が高校を退学処分になり、ボクシング部を辞めて、空手の道場にも行かなくなって、友達にも会えなくなってへこんでいる様子を見ても、いつだって前向きだった。

「格闘技をやりたいなら、キックボクシングのジムを探して行けばいいじゃん。K－1甲子園に出たいんでしょ？　それなら、もう1回、別の学校に入り直せばいい」

そう言って、一緒にジムや学校を探してくれた。

もし、退学にならずに、元いた学校に通っていたら、僕はボクシング部にずっと籍を置いて3年間をまっとうして、卒業後は普通に就職していたんじゃないかと思う。

学校を辞めていなかったら、キックボクシングジムに入門することもなかっただろうし、プロになることをずっと思い描けていたのかはわからない。

退学処分になってよかったということはないけれど、退学になったことから始まったピンチをチャンスに変えられたことが、今の僕をつくってくれたのは間違いない。

K－1甲子園地方予選出場、上京、チームドラゴン入り、そしてプロデビュー。そこからのＫｒｕｓｈチャンピオン、K－1チャンピオンという道を歩むことができたのも、振り返れば、あの時のピンチが導いてくれたのかなと思う。

「そうなってしまったことはしょうがない。その後、どうするかをちゃんと考えなさい」

常に前向きな言葉で、お母さんは僕の背中を押してくれた。そのおかげで、僕は「プロ格闘家・武尊」として今、生きている。

## SNSの誹謗中傷と向き合って

「バズって有名になる」ために過熱するSNS。個人に対する誹謗中傷はあとを絶たないが、武尊はSNSの誹謗中傷に対して、一貫して警鐘を鳴らしてきた。特に、プロレスラーの木村花さんがSNSでの誹謗中傷が引き金となって亡くなった時は、「本名を登録しないとできないような仕組みが必要」と投稿し、大きな反響を呼んだ。

少しでもK－1のプロモーションをしたくて、ツイッター（現X）、インスタグラム、Amebaブログなど、あらゆるSNSを試して、積極的に発信してきた。

プロデビューした当初、僕はみんなに応援される選手、もっと言えば「アンチが一人もいない選手」になりたかった。

だから、最初はSNSでのリプライやDMは全部読んで、「観客の声」として受け入れて、それぞれへの対応を考えていくつもりだった。

でも、Ｋｒｕｓｈでプロデビューして、少し名前が売れてきたころ、ツイッターでエゴサーチをしたら、僕について書かれたものをいくつか見つけた。

〈なんだあいつ、試合態度悪いな。早く負けろ〉

〈ムカつく、生意気、あいつはチャンピオンになれない〉

こんな感じのものだった。

最初は、ちょっとうれしかったところもあった。見ず知らずのお客さんからはこんなふうに見られているんだ、じゃあ、どうやっていこうかな、とも考えた。ちょっとずつ試合のスタイルを自分なりにアレンジしていったり、「みんなに好かれるような外見」に近づけていこうと思った。


新生Ｋ－１の55キロのベルトを獲り、初めてＫ－１チャンピオンになってからは赤い髪をやめて、ふだんからピアスを着けるのはやめた。

「Ｋ－１という格闘技を、もっと子供とかお年寄りにも見てもらえるメジャースポーツにしないと」という気持ちで、外見を変えよう、と思った。言葉とか立ち居振る舞いとかで、どうやったらたくさんの人に興味を持ってもらえて、格闘技がいい方向に広まるかを考えて、ふだんの生活、SNS、メディア活動で気をつけていった。

でも、それもだんだんきつくなってきた。

どれだけSNSからの意見を聞いて、「こう言われるんだったらこうしなきゃ」と変えても、全員から肯定されるわけじゃなくて、必ず何か否定的なことを言われて叩かれる。

発信する言葉もめちゃくちゃ気にするようになってきて、一つの投稿をするのに1〜2時間かかったこともある。特に、K－1チャンピオンになってからは、周りの人からいろいろと言われるようになってきた。ファンの人からだけじゃなくて関係者からも、ストレートな言葉を浴びせられるようになった。

そうした言葉の一つ一つが気になってしまう。すると、自分のやりたいことがどんどんできなくなって、個性とかも出せなくなって、メンタルはどんどん追い込まれていった。

みんなの要望に応えてきたつもりだったけど、なぜこんなに否定的なことを言われなきゃいけないんだ……?

SNSでは「強い言葉、強い言い方」をするほど目立つ。たくさんあるコメントの中の何百、何千分の一にすぎない2、3の投稿が、やけにでっかく見えてしまう。

この手の言葉って、いちいち読むべきじゃない。でも、K－1で3階級制覇をする前ぐらいまでは、「これもファンの声だ」と思って、リプライ欄は全部読んでしまっていたのがよくなかった。

## 天心VS.メイウェザー戦以後、アンチが急増

アンチのコメントが最も増えた時のことは、今もよく覚えている。フロイド・メイウェザー・ジュニア選手と那須川天心選手がずっと、「対戦するか、しないか」で話題になっていた時に、天心選手の名前がSNSでぐんぐんと上がり始めた。


その動きに比例して、僕に対するアンチが増えた。

「天心はメイウェザーとやるっていうのに、武尊は何をやってるんだよ！」

そんなコメントが連日連夜、僕のSNSへのリプライやDMとして送られてくるようになった。


確かに、天心選手と僕について、「どっちが強いか」などを語るファンは多かったと思う。

だから、天心選手が話題になるほど、彼のファンはもちろん、僕との対戦を期待している人たちからは、先ほどのような声が容赦なく飛んでくる。それは僕への攻撃とか誹謗中傷のようになってきた。

試合実現に向けて動いてる段階で、何度も交渉が決裂した時に、SNSなどで「天心から逃げてるやつ」というイメージが世間に広がって、「逃げんな」とか「お前のほうが弱いから対戦を避けてる」とか、屈辱的な言葉を毎日のように言われ続けた。

スポンサーさんとの会食や仕事の現場、どこに行ってもその話題。SNSの誹謗中傷は、やがて殺害予告が書き込まれてしまうほどエスカレートした。

誹謗中傷コメントを全部読んで、すべて真に受けてしまったら、心と体が壊れてしまう……。他人の目を気にしていてはキリがない。それもわかっているつもりでいたし、自分のやりたいようにやらなければ、プロとしてダメだと思ってはいたけれど、なかなかそうはいかなかった。

そのストレスが引き金となって、僕はパニック障害を発症してしまった。

そのころは、一歩外に出たら、周りにいる人全員が自分のアンチに見えてしまっていた。

SNSでは、本当にひどいことを言ってくる人がいる。殺害予告のような書き込みを見つけてしまうと、まるでSNSを見ている全員がそういうことを考えているようにも思えてくるし、外に出てすれ違う人が少しでもおかしな表情をするだけで、その人も僕に対して攻撃的になっているように見えてしまう。

匿名の無責任な書き込みだと理解はしていても、「殺すぞ」といった悪意が自分に向けられるのを見れば動揺するし、一日中嫌な気分を引きずって過ごすことにもなる。

軽い気持ちで発した言葉が、受け取る側にはキツいダメージとなって、最悪、命を奪われることもあるのだから。

書き込む側からすれば、面と向かって言うより匿名だと言いやすくて、思っていることの何十倍、何百倍かのひどい言葉で投稿できてしまうのかもしれない。

## 頭の中を空っぽにする習慣

ＳＮＳで連日、誹謗中傷を受けて、心も体もボロボロになっていたけど、そんな中で、僕は痛めた心を整える方法を見つけた。

アメリカ合宿に行った時のことだ。アメリカに着いて、向こうで数日間を過ごしていると、心が少しずつ回復していくのを感じた。

この変化は、なんだろう――？

日本にいる時は、ずっと考え込んで、ストレスも溜まってしまっていた。それが続いていることが、普通の状態だとまで思っていたくらい。でも、アメリカに行くと、頭や肩、首とかがめっちゃ軽くなっていく。

こういう不調がない状態が、本来の僕の体だったのか――そんな気づきがあった。

厳しい合宿をする中で、アメリカという環境と、格闘技だけに集中できていることが、心のリフレッシュになっている。

アメリカ合宿のもともとの目的は、僕のことを知らない人たちが多い場所で、周囲を気にせずに練習に没頭するため。自宅やジムから一歩外に出れば、どこに行っても「武尊」として見られる。いつも「武尊」でいなければならない。素の自分のまま、というわけにはいかない。

アメリカにいる時には、そうしたことを意識せずにいられる。

また、新たなテクニックを学ぶ狙いもあって、日本にいる時以上に密度の高い練習に明け暮れる。練習はもちろんだけれど、「やりたい練習をして、やりたいことをやって、心と体を回復させる合宿」になっている。

練習が終わると自分で食事をつくったりして、ずっと笑顔で、リラックスできているし、心と体が回復するのを感じる。

アメリカ合宿中であることはＳＮＳで発信しているし、日本との時差もあるから、周りからの連絡は一気に減る。格闘技以外の仕事の連絡も来なくなる。すると、自然とスマホを触っている時間がほとんどなくなる。これが思いのほか快適だった。

誰からも連絡が来なくなることを望んでいるわけじゃないけれど、アメリカでのひと時くらいは、なるべく日本にいる時とは違った時間を過ごしたい。スマホを見る時間にいかに縛られていて、それを意識して過ごしていることか、どれほど頭の中で負担になっているかに気づかされる。

僕のようにいつもいろいろと考えてしまう人は、「頭を空っぽにしてみる」ことを試してほしい。僕のアメリカ合宿は、頭の中から練習以外のことをシャットアウトすることに役立っている。

僕と同じように海外合宿をすることは、なかなかできないかもしれないけれど、日本の中でも自然の豊かな場所に行くとか、ふだんとは違う場所を訪れて、そこではスマホをオフにするか見ないことにしてみてもいいんじゃないかな。

格闘家に限らず、心底リラックスできる日って、すごく必要だと思う。

自分なりに頭と身体をリラックスさせる方法を持つことで、僕は心を整えることができている。

# 第4章

# 「ファイターとお金」を考える

## お金を稼ぐことを第一の目的にしない

2023年3月に開かれた記者会見で、武尊は「ABEMAと日本初の専属PPV（ペイパービュー）ファイターとして契約」したと発表した。それ以後、武尊の試合を生中継で観戦できるのはABEMAのみとなった。さらにPPV中継の場合、「最低1億円＋PPV売上金からの報奨金」を武尊は手にするという破格の契約である。

会見で武尊は、「格闘技界がもっと発展するように、僕がモデルケースになって、頑張っている選手の未来につながるように、先頭に立って引っ張っていきます」と語った。ただし、当の武尊自身はお金（ファイトマネー）に対する執着心が驚くほどない。

今までファイトマネーの交渉をしたことがない。

K－1のころから、僕は言われた金額に「はい」と言うだけで、もっと上げてほしいとか言ったことがない。以前は、自分のファイトマネーの額を正確に把握していなかったこともあったくらい、意識していなかった。

K－1との契約を満了したあと、自分の会社を設立して代表取締役になった。経営者という立場になった以上、これまでのようにはいかないので、以前よりはお金のことも考えるようになってきた。

ただ、お金を稼ぐことが目的になることはない。

ABEMAとのPPVファイター契約の記者会見で話したように、「格闘技界を夢が見られる世界にしたい」という思いは強い。僕がPPVファイターとしてお金を稼げば、格闘技界の後輩たちや、将来、格闘家になりたいと思っている子供たちにも、「格闘技で活躍すると、たくさんお金を稼げるんだ」というモチベーションになるはずだから。

## チャンピオンがバイト生活者でいいのか

お金のことに関しては、18歳で東京に出てきたころ、お金に困っていた時代のことを抜きには語れない。

格闘家としての第一歩、東京都町田市にあるチームドラゴンに入門した僕は、練習とアルバイトの日々を送ることになった。

働いていたのは、居酒屋さんとクレープ屋さんだった。K－1のチャンピオンになるぐらいまでは2つを掛け持ちで、途中で居酒屋さんを辞めた。

居酒屋さんは、しっかりと料理をつくる店だった。料理も覚えられてよかったけど、その分、他にも覚えることが多かった。でも、試合前は何かと忙しくなってバイトも休まなくてはいけなくなるし、減量の最中に目の前で料理が行き交う様子を空腹で見ていることは、やはりキツかった。

この店ではメニューが定期的に変わるので、試合を終えてアルバイトに復帰すると、知らないメニューが続々出ていることがよくあった。試合数が増えるたびに、そういうことが多くなってくると、メニューを覚えきれなくなってしまう。

店の人たちもとても忙しいので、僕のためだけに教えてもらう時間もなかった。店の進化みたいなことについて行けなくなっていた。

料理長がとてもいい人で、「全然気にしなくていいよ」と言ってくれたけど、周りのスタッフに迷惑をかけてしまうのが、僕には心苦しかった。

試合前には休みを取らせてもらえるし、僕だけに融通《ゆうづう》を利かしてくれることもあった。そんな厚待遇だったのに、店のみんなについて行けないのが申し訳なくて、居酒屋さんのバイトは辞めた。

クレープ屋さんは、チームドラゴンの先輩たちがずっと通っていた店で、僕も通っていた。店のスタッフともめちゃくちゃ仲良くなっていたので、人が足りないと聞いて、じゃあ僕がアルバイトします、と手を挙げたのがきっかけ。

クレープ屋さんでは、お客さんと喋《しゃべ》って、楽しくコミュニケーションを取るのが僕の役目だった。

この店の場所がキャバクラの多い通りで、キャバクラからの注文も多かった。

クレープ屋さんのスタッフは女性ばかりで、男は僕一人。クレープの店らしい可愛いエプロンをして、キャバクラに配達に行く。

薄暗いキャバクラの中へ、クレープを届けに行くと、だいたい、店のお客さんがキャバ嬢への差し入れにしていて、僕を見るとがっかりした顔で、こんなふうに言われることが多かった。

「なんだ、男かよ」

笑顔でやりすごしたけれど、これが当時の僕には結構、屈辱だった。

なぜか。

Kｒｕｓｈで活躍し始めたころから、僕がアルバイトをしていることを知ったファンの人が、クレープ屋さんに来てくれるようになった。それはとてもうれしいことだった。でも、僕はそれからすぐにチャンピオンになっていた。

「チャンピオンになっても、まだアルバイトしないといけない業界なんだ」

これは僕が勝手に思っていたことではあるけど、そんなふうに思われてしまうんじゃないかと考えるたびに、悔しくてならなかった。

それで、なるべく外に出ない厨房《ちゅうぼう》の仕事にしてもらったり、バイトの日数を減らしてもらったりした。


いくら悔しくても、そのころの僕はファイトマネーだけで食べていける状況じゃなかった。生活費を稼ぐためにも、バイトは必要だった。

メジャースポーツなら、こういう苦労もないんだろうな……。

そんな気持ちが今も僕の中には残っていて、だから、格闘技をメジャーなものに上げていきたいと強く思っている。

## 試合を控えた選手がチケットの手売りをする是非

格闘技界では、選手が自分のＳＮＳを使って出場する試合のＰＲをして、一般のファンにチケットを買ってもらう「手売り」が長年の慣習で続いている。

選手はファンにチケットを定価で買ってもらい、売った金額の何割かを主催者側からキックバックしてもらったり、ファイトマネーを全額チケットでもらう代わりに、それを売って収入にするケースが多い。

スポンサーや後援者、熱心なファンを多く持つ選手の中には、ファイトマネーをあえて全額チケットでもらい、すべて手売りをしてしまったら追加のチケットまで売ってしまう人もいる。


僕も、ずっとチケットの手売りをしてきた。途中からファンに売るのはやめたけれど、「自分の出る大会のチケットは、いっぱい売らなきゃならない」という思いもあって、知り合いやスポンサーにチケットを買ってもらっていた。

K－1では、多い時で300~500枚売っていた。

ただ、チケットの手売りは本当に厳しいし、なるべくなら選手はやらないほうがいいと思う。

SNSを見ると、試合を直前に控えた選手が「○席（○枚）のキャンセルが出てしまいました。もしまだチケットを買ってない人がいたらＤＭください！」と書き込んでいるのを目にすることがある。

試合に全力で向かおうと調整に入っている時に、試合以外に気になることを背負ってしまうのは、試合に悪影響しか及ぼさない。


チケットの手売りをすると、ファンの人とお金のやり取りをしなくてはいけない。それがトラブルにもなるし、やり取りの過程ではファンと直接つながるので、チケットとはまったく関係のない連絡が来ることもある。

僕は一時期、チケット注文専用のメールアドレスをつくり、そこで受注して、その後の事務的な手続きなどは、「チケット担当者○○」という別名義を使って、お金の決済や問い合わせのやり取りをしていた。担当者の名前を名乗っているけど、メール返信などは僕が自分でやっていた。

## ドタキャンされたチケット代は数百万円規模

手売りをしていると、ドタキャンにも遭った。

注文してお金を振り込んでくれなかったり、知り合いなのにチケットの代金を払わず、そのままいなくなった人もいた。被害総額は数百万円レベルじゃないかなと思う。

チケットが試合前にドタキャンされた場合、日程に余裕があれば他の人に売ることもできる。でも、若いころはそんなに知り合いもいないし、無理を聞いてくれる人もいない。

しかも、ドタキャンは試合の直前に起こるから、減量と調整でチケットのことまで気にしている余裕がなくなる。その場合は、自分でチケット代を肩代わりして、会場のその席は空席になってしまう……。

今はそれがちょっとずつ変わってきている。

ＲＩＺＩＮでは「選手チケット」として、応援する選手のＱＲコードからチケットを注文すると、その選手からの注文として選手に何パーセントかキックバックされる。「選手ファースト」な仕組みだと思う。以前のような選手負担が単純に増えるだけのシステムは、少しずつ改善されて進化している。

「ＴＨＥ ＭＡＴＣＨ」では、僕だけで2億円分ぐらいのチケットを売った。送られてきたチケットが大量だったので、チケット管理だけでも神経を使ったし、ストレスになった。見かねた知り合いが手伝ってくれたけれど、それでも管理は基本的に僕も関わらなければならない。これはなかなか大変だった。

買ってくれた人にチケットを渡すために、封筒に名前を書いて、チケットを封入して、それをＫ－1のスタッフに渡す。これも選手がすることだった。試合前にやるのは、すごい負担になる。枚数が多ければ多いほど、コンディションにも影響が出てしまう。

格闘技界には改善点がまだまだある。それでも、以前に比べれば、だいぶ選手のことを考えてくれる体制になってきたと思う。

## 「お金を追いかけるな」という教え

初めてファイトマネーをもらったのは17歳のころ、タイで試合をした時。

高校を退学になり、アルバイトをして貯めたお金でタイのムエタイジムに長期の単身武者修行に行った。ちょうどこの時期、同じタイのジムでムエタイ修行をしていたのが不可思《ふかし》（クロスポイント吉祥寺所属）。

僕はムエタイ二大殿堂の一つ、ラジャダムナン・スタジアムで試合をした。この時にもらった人生初のファイトマネーは、日本円で約1万5000円。そこからジムの人に半分渡すルールだったので、僕の手元に残ったのは7000円くらいだった。

この日が、僕のプロとしてのスタートになった。

その後、武尊は2011年にKrushでプロデビューを果たすと、2013年にKrushチャンピオンに輝く。その翌年に新生K－1がスタートすると、団体のエースに君臨。K－1の年間最大のビッグマッチ「K'FESTA《ケーズフェスタ》」では4回連続メインイベントに出場して、すべて勝利。K－1のビッグマッチの締めは、武尊による「K－1最高！」というマイクだった。

この間も武尊は、「ファイトマネーの交渉は一度もしたことがない」という。

試合を「お金を稼ぐ機会」と思ってやったことが、僕にはない。

いつも「お金はあとから付いてくる」と思って戦っている。

長い間、ファイトマネーだけでは生活ができなかった僕は、格闘技を「お金を稼ぐもの」としては見ていなかった。

僕のモチベーションは、試合で結果を残して、もっとたくさんの人に試合を見てもらいたいということにある。だから、お金の金額でモチベーションが下がるということはない。いつも「もっとたくさんの人にこの競技を見てもらいたい。

もっと喜ばせたい」という思いだけで戦い続けてきた。

## 「あぶく銭」が入った時はみんなでパッと使う

他団体の選手や海外の有名ファイターのファイトマネーを聞くと、さすがに「悔しいな」と思うことはあった。

それでも「この試合に勝ったらいくらもらえる」とか「KOしたらインセンティブとして○万円上乗せされる」とか考えながら試合をしたことは一度もない。

K－1を離れて独立したあとも、ファイトマネーの交渉はしていない。提示された額を聞いて、「はい」と言うだけ。

試合が決まって、「この試合で1億円が入ってくる」なんて絶対に思わない。頭の中ですぐに計算機を叩くような余裕なんて、僕にはない。勝つことに必死すぎて。

僕のお金に対する考え方には、お母さんからの影響がある。

ちっちゃいころから、お金に対する考え方を教え込まれてきた。

「お金はあとから付いてくるもの。お金を追いかけちゃダメだよ」

「目先のお金を追いかけてしまう人は、本当に大切なことが見えなくなる」

ともよく言われた。

あと、よく覚えているのが、これ。

「宝くじが当たっても、幸せにはなれないよ」

汗水たらして働いて得たお金こそ、自分のいちばん身になるお金。だから、もし「あぶく銭」が入った時はパッと使え――そう教えられた。


子供のころ、部屋を片付けていて、誰のものなのか、1万円札が出てきたことがあった。するとお母さんは、こう言った。

「今日はこのお金で、みんなでぱっと美味しいものを食べよう！」

何を食べたのかはよく覚えていないけれど、みんなで揃って食べに出かけた。

突然出てきたお金を、貯金しようということにはならない。

そんな姿を間近で見ていて、僕には「目先のお金は追いかけない」という教えがすっかり身についた。

だから今も、パッとお金が入ると、チームの仲間や友達と美味しいものを食べに行ったり、後輩たちを連れてご飯に行ったり、旅行に連れて行ったりして使い尽くしている。

この教えは、現実になった。ABEMAとPPVファイター契約をする時、「PPVで1試合1億円」という金額提示をされたのだから。

やっぱり、お金はあとから付いてくるものなんだと思う。

## 戦いながら会場の熱気を見て試合を考える

僕の両親は、すごくフレンドリーな性格。友達もすごく多くて、みんながウチに集まる。毎日のように親の友達が来て、多い時には30人ぐらいでホームパーティをしていた。

父は草野球チームをやっていたので、毎週末、そのメンバーがやって来て朝まで飲む。人がいっぱい集まるのが好きで、集まったみんなを喜ばせてハッピーにさせるのが好きだったんだと思う。


「人を喜ばせるのが好き」な両親のDNAは、僕の中にもある。

僕は、自分が何かをしてもらうよりも、人に何かをして喜んでくれる姿を見るほうがうれしい。

試合のスタイルにも、そんな僕の性格が出ていると思う。

「ただ勝つだけ」でいいのなら、リスクはなるべく避けた安パイな試合をして、「はい、勝った！」と喜べる。

でも、僕はそれじゃ満足できない。お客さんがちゃんと盛り上がっているかどうかを、試合中もリングの上ですごく考えている。

例えば、

「ちょっと静かだな、もっと打ち合わなきゃな」

そんなふうに、会場のお客さんたちの「熱」を感じながら試合をする。お客さんが盛り上がっていたら「よし！」と思うし、あまり盛り上がっていない時は、ポイントで勝っていることを知っていても、「もっと盛り上げなきゃ！」と気合いを入れて、どんどん距離を詰めて打ち合いに持っていく。


自分の試合のことだけじゃなく、大会全体の盛り上がりも常に考えている。

第1試合からの会場の反応は、すごく気になるから、かなり意識的に見る。

「今日はKOが少ない。ちょっと盛り上がりに欠けてるな」

そう感じると、僕は「よし、最後にKOして盛り上げてやる！」と思う。


僕のそんな性格を知っている大会関係者が、大会の途中で、こんな話を僕に伝えに来ることがある。

「武尊、今日はＫＯが少ないよ」

その人が何を言いたいかは、十分わかっている。

「わかりました！　僕、盛り上げてくるんで！」

Ｋｒｕｓｈやｋ－１では、そんな会話をバックステージでしていた。僕の考え方をよく知っているスタッフがいたおかげで、僕はアドレナリン全開でリングに向かい、「ナチュラル・ボーン・クラッシャー」として、ＫＯしか狙わないファイトを展開することができた。

## ダウンから倒し返す自分、盛り上がる会場

僕の喜びは、「お客さんが盛り上がってくれる」こと。

もちろん、勝つ喜びもある。でも、それ以上に「お客さんが盛り上がってくれる喜び」が、格闘技をやっているうえで大きな要素になる。

例えば、試合中に相手の攻撃が金的《きんてき》に入ってしまい、回復に時間を取られる時など、すごく苦痛に思う。

急所に入って痛いんだけれど、お客さんが試合再開を待つ間に先ほどまでの「熱」が急速に下がってしまって、会場が静まりかえってしまうのが嫌で仕方なかった。

「早く試合を再開しよう」と思って、我慢して無理やり立ち上がる。

そして、早くKOして会場を盛り上げたいから、とにかく前に出て打ち合うようにしている。

ダウンを取られた時も、頭では冷静に考えている。

ここから自分が盛り返したら、絶対に会場が盛り上がるな――そんなふうに。

ダウンを取られた焦《あせ》りよりも、「よし、ここから盛り上げてやる」という気持ちが高まって、アドレナリンが体内から噴き出すのがわかる。

チャールズ・ボンジョバーニ戦（2015年）で、僕は先制のダウンを奪われた。

「しまった、ダウンした」

それが普通の感覚かもしれないけど、僕は違った。

「こっちがダウンしたことで、会場がめちゃめちゃ盛り上がってる。これで倒し返したらめっちゃ盛り上がるぞ！」

その後、イメージ通りに倒し返してKO。予想通りに会場が盛り上がった時は、本当にうれしかった。

実は「THE MATCH」で那須川天心選手と試合をした時も、そういう思いが頭をよぎった。

僕は1ラウンドで先制のダウンを奪われた。この時も、焦りより「これで倒し返せば盛り上がる！」という気持ちが強かった。

「倒し返す自分、盛り上がる会場」というイメージが湧くと、もっと攻撃的な動きができる。

これには、子供のころからずっとプロレスを見ていた影響があるのかもしれない。

プロレスラーは、試合を盛り上げるのがうまい。試合を見ていても「つまらない時間」が少ない。プロレスのような盛り上がり方を、そのまま格闘技でやるのは難しいことだけど、「見る側が『面白い』と思える試合をしたい」と意識することには、やっぱりプロレスの影響がある。

## 相手のパンチをあえてまともに食らってみる

これまでの僕の試合の中で「最も理想的な試合」、つまり会場をものすごく盛り上げることができて、手応えがあったと思ったのは、寺戸《てらど》伸近《のぶちか》選手との試合だと思う(2013年5月12日)。

この試合はKrush58キロ級の初代王座決定トーナメントの決勝戦で、当時、軽量級最強と言われていた寺戸選手との試合に勝った僕は、プロ初となるタイトルを獲ることができた。

会場となった「格闘技の聖地」後楽園ホールは、「全席リングサイド」と言われるほど、リングと客席の距離が近い。キャパ約1500席にお客さんがぎっしり入ると、リングの上にいてもお客さんの熱を感じる。

あの日の後楽園ホールは、会場内の熱気がリング上まで伝わってきて、僕と寺戸選手の一挙手一投足にお客さんが反応しているのが、試合中にもわかった。後楽園ホールが本当に揺れていた。

ずっとアドレナリンが出まくった状態で、夢中で殴り合った。

試合終了までのラスト10秒、頭の中ではいろんなことが駆けめぐって、体感では30秒ぐらいに思えた。そして、ラスト1秒になったころ、

「ここからは自分のパンチはもう打てない。最後は寺戸選手のパンチをまともにもらって会場を盛り上げて終わろう！」

お客さんの熱、みんなの足踏みで大きく揺れる会場、最高の瞬間だった。

あの試合のあとにも、代々木第一体育館やさいたまスーパーアリーナ、「THE MATCH」では超満員の東京ドームでの試合を経験したけれど、あの日の後楽園ホールで体感した、しびれるような快感は別格だ。

会場の規模じゃない。来てくれたお客さんとどれだけ一体化できているか。一体化して戦えることの喜びは、僕のモチベーションの一つになっている。

格闘家として最高の瞬間を味わえたし、味わわせてくれた対戦相手の寺戸選手には、今も感謝している。

# 第5章

# アフター「THE MATCH」

## 絶望と、すべて崩れていった夢の世界

「全部、終わった……」

2022年6月19日、東京ドームのリング上で判定結果が読み上げられて、那須川天心選手に判定負けを喫したとわかった瞬間のことは覚えている。そこから先は、前にも触れた通り、どうやって家まで帰ったのか、記憶がはっきりしない。

絶望と、今まで積み上げてきたものが「全部崩れてしまった」感覚。

そして、ちっちゃなころから抱えていた夢の世界、大好きな格闘技が、今日ここで終わりになったんだ……と。


「世紀の一戦」は、初回に那須川が左フックでダウンを奪った。武尊が後半で猛追したものの、ダウンを奪い返すことはできず、3対0の判定で那須川が勝利した。

リング上で二人は向き合い、二人だけの会話を交わした。

天心選手と話したことは、ぼんやりとしか覚えていない。その時の映像を見返すと、二人の会話が記録されていて、僕は天心選手に「あと頼むな」と「ごめんな」と伝えていた。

僕は「負けたので格闘技は辞めよう」と思っていて、「あと頼むな」は「これからの格闘技界をよろしく」という思いで言った言葉だった。

「ごめんな」と言ったのは、僕が誹謗中傷を受け続けたように、天心選手も同じような言葉をぶつけられたことと思う。自分よりも若い天心選手が、いろいろと言われてしまった背景には、格闘技界がバラバラだったことが挙げられると思う。僕がもっと早く格闘技界を一つにできていたら、あんなにつらい思いをさせることもなかったかもしれない。

だから率直に、自分の気持ちを伝えた。

# 泣き崩れるとはこういうことだったのか

これで終わりなんだな……。

僕はリングに向かって「今までありがとうございました」という気持ちで頭を下げてから、リングを降りた。

バックヤードへの花道を歩いていると、大勢のお客さんが僕に駆け寄ってきて、口々に叫んでいた。

「武尊、ありがとう！」

「やめんなよ！」

「また武尊の試合が見たいよ！」

たくさんの励ましの声を聞いた瞬間に、抑えていた感情が噴き出し、涙があふれて止まらなくなってしまった。

負けたら、すべてを失うと思っていた。勝者はみんなの祝福を受けて、敗者のところには誰も集まらず、独りぼっちで去っていくことをイメージしていたのに、たくさんの人から「ありがとう」と言ってもらった。

「まだやめないで！」

たびたび投げかけられたこの言葉が、僕に刺さった。

僕を引きとめてくれる言葉を聞いて泣いた、というのではなかった。

負けたことで、応援してくれた人たちみんなを裏切ってしまって申し訳ない気持ちでいた僕に、みんなが「ありがとう」という言葉をくれた。今まで格闘技を背負って引っ張ってきて、つらかったことや苦しかったことはいっぱいあったけれど、それが報われた気持ちになって涙が出た。

だから、応援してくれたたくさんの人たちに応えるためにも、このまま負けて終わるのはダメだと思った。

お客さんの声を聞いているうちに、感情がぐちゃぐちゃになっていく。控え室までの道が、とてつもなく長かった。

僕の心は決壊した。足に力が入らないぐらいに泣いた。「泣き崩れる」とはこういうことなのか、と思うぐらいに。

控え室に戻ると、会場のお客さんの声が一切聞こえなくなった。

終わったんだな……。

結果で恩返ししたかったのに……。

様々な思いが胸の奥から湧いてくる。涙をあふれさせながら、僕はただうつむいているしかなかった。

関係者のみんなも、声を掛けづらい空気だったと思う。控え室は静まり返っていた。

## あえて敗北の記念写真を撮った理由

武尊は関係者に伴われて、東京ドーム一塁側ブルペンに設けられたインタビュースペースに現れた。そして、涙をこらえながら、言葉を絞り出すようにしてメディアに向けてこうコメントを発した。

「この試合を実現することができたことと、この試合を実現するために動いてくれた人たちと、支えてくれた人たちと、対戦相手の天心選手に心から感謝してます。……僕を信じてついてきてくれたファンの人たちだったり、K－1ファイターたちだったり、ジムのチームのみんなだったり、そういう人たちには本当に心から申し訳ないと思ってます。……以上です。ありがとうございました」

なるべく考えて言葉を選んだつもりだったけれど、何を話したのか、記憶がほとんどない。

でも、控え室でＫＲＥＳＴやチームのみんなと写真を撮ったのはよく覚えている。この時は、僕からみんなに声を掛けた。

「この悔しさを忘れないように、みんなで写真を撮ろうよ」

そういえばこの10年間、勝った記念撮影しかしていなかった。

試合後の控え室では、いつもみんな笑顔で「じゃあ写真撮ろうよ！」というノリだった。ただ、あの日は同じKRESTの野杁（正明）選手と山崎（秀晃《ひであき》）選手も負けてしまった。

なぜ僕が、泣き崩れた状態でも写真を撮ろうと思ったのか。

僕が現役をやめたあとも、セコンドやお手伝いに来てくれていた後輩たちは、これからも選手として戦っていく。だからこそ、

「今日のことは残しておかなきゃダメだ」

と思った。もう二度と敗北の気持ちを味わうことがないように、「みんな、もっと頑張って！」という気持ちを記念写真に残した。この日の感情がぐちゃぐちゃになってしまった僕のことを思い出してくれれば、と。

## 「心配したんだよ。武尊、死ぬんじゃないかって」

敗北のショックは、これまで経験したことのないようなものだった。

控え室を訪ねてきてくれた人もいっぱいいて、あたたかい声を掛けてくれたようだけど、その時の記憶はほとんど残っていない。

当日の控え室で撮影されていた映像をあとから見て、この人が来てくれたんだ、こんな会話をしたんだと、そこに映っている自分が自分じゃないみたいだった。

東京ドームから自宅まで、誰とどうやって帰ったのかは、まったく記憶がない。たぶん、同じチームの（大岩）龍矢とまっつん（松倉信太郎）と一緒に車で帰ってきたと思う。

それから1週間ぐらい、周囲の人たちに「武尊は大丈夫なのか？」とずいぶんと心配をかけてしまった。

いろんな人が連絡をくれた。兄貴分のヒロ君（卜部弘嵩）も「今、どこにいるの？」と連絡をくれて、僕がジムにいると言うとわざわざジムに来てくれて、一緒にご飯に行った。

最近のヒロ君は社長業に忙しくて、ご飯に誘ってくれることもあまりなかったのに、僕のために時間を割いてくれた。ヒロ君には、ストレートにこう言われた。

「心配したんだよ。武尊、死ぬんじゃないかって」

弟の功也君は、試合後に喋ることができていたので「武尊は大丈夫だろう」と思ってくれていたみたいだった。

## ワンオクTakaさんから受け取った言葉

親しくさせてもらっているワンオク（ONE OK ROCK）のTakaさんも控え室に来てくれて、僕にあたたかな言葉を掛けてくれた。

泣きじゃくりながら、僕はTakaさんにこう言った。

「勝てなかったことと、結果で返せなかったことがとても悔しいし、申し訳ない気持ちなんです」

するとTakaさんはこんな話をしてくれた。

「スポーツは結果の世界だけど、アーティストはお客さんが満足したか、感動してくれたか、パワーをもらってくれたかで評価が決まる。今日、ここに来たみんなは『勝ち負け』以上のものを受け取ったんだよ。だから、自信を持ったほうがいい」

Takaさんの話を聞いて、控え室に戻るまでの花道で見たお客さんたちの顔と「ありがとう」という言葉が頭に浮かんだ。

これまでの10年以上の選手生活で、勝ってみんなに「おめでとう」と祝福されたことは、確かにうれしかった。

今回の敗北で、東京ドームの花道を去っていく時に言われた「ありがとう」は、これまでに言われたどの「ありがとう」よりも、今までに言われたどの「おめでとう」よりも、僕の心に響いた。

Ｔａｋａさんは翌日から1週間ぐらい毎日連絡をくれて、何人かを誘ってご飯に連れて行ってくれた。

Ｔａｋａさんは、僕にとっては兄貴のような存在でもあるし、先輩という感じもある。

もともと僕は音楽が大好きで、ワンオクもめちゃめちゃ聴いていた。共通の知り合いに、「今度（Ｔａｋａさんに）会うから一緒に行こう」と誘われて紹介してもらったら、Ｔａｋａさんはめちゃくちゃ格闘技が好きで詳しかった。

その日、こんなうれしいことまで言ってくれた。

「武尊の試合は、Ｋｒｕｓｈのデビュー戦から全部見てるよ」

Ｔａｋａさんいわく、映画やテレビの収録はカットして編集とかもあるけど、バンドのライブも格闘技も生もので、ごまかしは一切利かない。

「試合に行く時と、ライブに行く時の感じって似てるよ」

そんな話をよくしてくれた。

アメリカ合宿の時は、Ｔａｋａさんのアメリカのデカい家に泊まらせてもらったこともある。Ｋ－１のトーナメントで拳を怪我した時は、まだ知り合ったばかりだったのに、治療のための病院に付き添ってもらった。

試合が終わると、Ｔａｋａさんが日本で通っている鍼《はり》とか点滴とかの治療院を紹介してくれて、治療に付き合ってくれたあとは、ご飯に行ったり。忙しいのに僕を親身になって支えてくれる。

Ｔａｋａさんのライブはエネルギッシュで、すごくハード。知り合いの音楽関係者がみんな「Ｔａｋａさんの体力はすごい」と感心するぐらいに、全身をフルに使ったライブを見せてくれる。

ライブの楽屋には、施術をする人が３、４人待機していて、ステージが終わると、戻ってきたＴａｋａさんはすぐにケア用の部屋に入って、施術が終わるとまたステージへ立つ。プロフェッショナルはこれほどのケアをしているんだと驚かされた。

そんなタフなライブをこなすだけに、Takaさんは日ごろから体のメンテナンスやケア、コンディション維持のために、様々な対策をしている。ふだん飲む水や、取り入れている治療器とか、いいものをたくさん紹介してくれた。音楽と格闘技、やっているジャンルは違っても、ベストな状態をつくってライブや試合に臨むというところは共通しているんだと思う。

## 天心戦の敗北を取り返すために

あの試合のあと、Takaさんや浜田さん、チームのみんなやト部兄弟、いろんな人に励まされ、勇気づけてもらってきたけれど、「負けた悔しさ」が晴れることはなかった。

試合の翌日、僕は天心戦の交渉をしてくれたブロンコスの関さんに電話をかけた。

「どうしても、もう一度天心選手と戦いたいんです。ボクシングに転向したらできますか？　何か方法はありますか？」

この悔しさを晴らすには、天心選手本人に勝つ以外にない。

負けた悔しさを抱えて、ずっとリベンジできずに現役引退となって、ずっとモヤモヤした気持ちのままで終わってしまうのかと思うと、いてもたってもいられなかった。

それでこう伝えた。天心選手の要求する体重に落としてでもやりたい。彼はキックからボクシングに転向してしまったので、ボクシングのリングでも構わない、と。

数日後、関さんからこんな提案を受けた。

「ロッタンとならできるんじゃないか」

そうか、ロッタン選手か――。

ロッタン・ジットムアンノン。ムエタイのトップファイターで、頑丈さを武器にどんどん前に出て、打ち合いを仕掛けて倒す「破壊神」。那須川とは2018年にRISEで対戦し、5ラウンドでは決着がつかずに、延長6ラウンドまで戦って那須川が判定勝利を収めている。

その一言を聞いたのは、ちょうど試合の1週間後だった。それを境に、僕の気持ちは「ロッタン戦」に向いていった。次の目標が見つかったことで、気持ちは完全に切り替わって、再び前を向くことができた。

ただ、心身ともにボロボロだったので、6月27日に記者会見を開いて、K－1王座の返上と休養を発表した。

「K－1チャンピオンが世界最強だと証明する」

そう言い続けていながら負けてしまったのだから、僕にK－1のベルトを持つ資格はない。

天心選手との試合前から痛めていた右ヒザは、そのまま引退してしまうなら手術の必要はなかったけれど、試合をやるならちゃんと治しておこうと手術することに決めた。


怪我の治療と共に、これまでメンタルの不調を抱えてきたことも公表することにした。

試合前から怪我を抱えていたことが、余計にメンタルへのダメージにもなっていた。怪我が原因でいつものような動きができないうえに、試合は刻一刻と迫ってきて気持ちは圧迫される。それでも練習はしなくてはいけない。でも、逆にまたタフに追い込むことで怪我したところを痛めてしまったり……。

僕の練習は相当ハードにやるので、怪我のないところにも痛みが出る。試合を控えていなければ、普通に食事を摂《と》り、栄養補給をすることで体の壊れたところを修復できる。でも、今回は、減量の縛りがあるから満足な食事はできない。怪我はなかなか回復しなかった。

日に日に募っていくプレッシャーに加えて、怪我や減量のこともあり、メンタルは相当追い込まれた。

このままの状態で、試合に向かっていくのは無理だ。まともに生活もできなくなってしまう……。

僕は一つの判断をした。いい機会だと思って、ずっと取れていなかった休養にあてよう。怪我をきちっと治して、万全な状態で復帰をしよう、と。

そして今度こそ、応援してくれた人たちに勝つ姿を見せたい、と思った。

「これは、次に向かうための前向きな休養です」

僕はそう宣言した。

次に向かう、とは、「ロッタン選手と戦って、勝つ」ということ。新たな目標という力が、疲れきった僕の心と体を再び前へと進めてくれた。

## 細美武士さんの言葉「格闘技と人生は似ている」

僕が格闘技界を目指した原点は、子供のころに見た、昔のＫ－１グランプリやＰＲＩＤＥにある。当時は空前の「格闘技ブーム」で、テレビの画面越しにも伝わってくる熱に触れて感動して、すごく勇気をもらった。

こんなにかっこいい、人に力を与えるスポーツがあるんだ！——格闘技は僕の心を震わせた。

それに重ねて話しておきたいのは、僕が以前からずっと憧れていたロックバンド「ELLEGARDEN《エルレガーデン》」の細美武士さんとご飯をご一緒した時に聞いたこの言葉。

細美さんは僕にこう言った。

「格闘技って、人生とすごく似てるよね」

人生には苦しみがあれば、痛みもある。そんな苦しみや痛みを、誰もが乗り越えて懸命に生きている。

格闘技の試合でも、相手のパンチをもらって効いてしまったり、苦しかったりした時に、そこで「ダメだ」とひいてしまうと、あとは一気にやられて負けてしまう。

それは、生きていくことも同じかなと思う。何かつらかったり、嫌なことに遭遇した時に、逃げてしまってはその先にたどり着けない。だから、試合なら痛くても効いていても、人生ならつらいことがあっても、決してひかずに前を向く、前へ進む。

「つらくて、苦しい時こそ、歯を食いしばって前に出る」

そうすると、攻め込もうとしている相手の攻勢を止めて、逆転のチャンスがめぐってくることもある。

「『つらい時こそ前に出る』って、すごく人生とかぶるんだよね」

細美さんの言葉に、僕は大きくうなずいた。

## 誰かがアクションを起こすきっかけになる試合を

僕も10年間勝ち続けたけれど、試合中の相手からの攻撃が効いてしまってダメージを負い、負けそうになった時がある。「痛い」「苦しい」が無いなんてことはない。そこでひかず、勝負をあきらめずに攻めの姿勢を持ち続けて「前に出た」から、形勢を逆転して勝つことができた。

細美さんの言葉に、僕は強く共感した。常に「前に出る」姿勢で格闘技をやってきて、これまで生きてきたことを誇りに思った。

振り返れば、「キツい時こそ前へ」の姿勢は、僕が格闘技と出合ってからずっと心掛けている。

最初は、小2で始めた空手の先生からの学びだ。

僕が通っていた道場は、地域でも厳しいことで知られていた。組み手の稽古になると、僕はいつも空手の先生や相手をしてくれる大人の人たちに打ち負けていて、最初のうちはお腹への攻撃が効いて、すぐにうずくまって倒れていた。

けれども、この道場では倒れたからといって、攻撃の手は緩めてもらえない。お腹を押さえて倒れていれば、容赦なくガードがない顔面への蹴りがくる。

先生は、僕にこう教えてくれた。

「もしこれが本当の勝負なら、そこで倒れてうずくまったお前は殺されてしまうんだぞ」

それを聞いて、どんなに苦しくて、つらくても、倒れたらダメなんだ、殺されてしまうんだ、という思いを、子供ながらに強く感じていた。

すぐに体力と技術は向上しないので、僕は道場で倒され続けた。ただ、徐々にではあるけれど、以前のように簡単に倒されるばかりでは終わらなくなった。

苦しいし、つらい、でも我慢して立ち続けるんだ――そうしていくうちに、少しずつ体と心が強くなったと思う。

このことは、天心選手との試合でも、活きた教訓になった。

1R終了間際に僕は先制のダウンを喫して、その後も天心選手の速いパンチをもらってしまったけれど、そういう時こそ、気持ちを折られることなくどんどん前に出ていけば、向こうの追撃は避けられるし、打撃をもらいながらでも前に出ていけば、自分の攻撃がヒットするチャンスが必ずやってくる。

ダウンしたあと、僕が下がり続けていたら、天心選手に最後までペースを取られてしまったと思う。あの時も、前に出ることができたから、自分の攻撃を当てられた。逆転はできなかったものの、もう少しで逆転できそうなチャンスを見出せるところまではいった。

「苦しい時、つらい時、痛い時こそ前に出る」

それは、僕の心と体にしみついていて、僕の人生をあらゆる面で支えてくれている。

格闘技をやっている人じゃなくても、普通に生活していても、嫌なことは起きるし、つらいことだってあると思う。

その都度逃げていて、その時は一時的に嫌なことを避けることができたとしても、解決にはならない。だから「前へ出る」。僕はその姿勢を、人生と格闘技において貫いてきた。それがなければ、今の僕の人生はないと思う。

誰もが「実現不可能だ」と言っていた天心選手との試合も、成立するまでは嫌なこと、つらいことがいっぱいあった。僕はそこで、自分からアクションを起こして突破した。

実現するための道を模索しながら、前を向き、前へ前へと歩むことを意地でもやめなかった。その結果、試合は実現することができた。

僕が戦っている姿を見てくれた人が、自分の人生と重ね合わせて考えてくれたり、「自分も頑張ろう！」とパワーを得る機会になればうれしい。

誰かがアクションを起こすきっかけになるような試合を、これからもしていきたいと思う。格闘技には、人の心を動かし、人生まで変えてしまうとてつもないパワーがある、と僕は信じている。

# 第6章

# 勝つためのルーティン

## K－1最強を証明しなければ終われない

「THE MATCH」までの10年間、武尊は無敗を守り、実に35連勝をマークした。その間、プロ初タイトルKrush王座獲得、K－1では3回の王座決定トーナメントですべて優勝し、3階級制覇を達成。K－1年間最大のビッグマッチ「K'FESTA」でも4年連続メインイベント出場など、輝かしい成績を収めた。武尊はなぜ勝ち続けることができたのか？

10年間に35連勝できたのは、前に触れたように10連勝、20連勝しても子供のころの「弱くて勝てなかった自分」が僕の中にあって、「自分は強い」とは一度も思えず「次は負けるかもしれない」と常に思っていたから。だから「俺は強いんだ」と慢心せずに、厳しい練習を積んでこれた。

無敗のもう一つの理由は、那須川天心選手の存在があった。

「天心選手と戦うまでは、誰にも負けられない」

この思いに衝《つ》き動かされてきた。

「THE MATCH」の前にも、僕は強豪たちと戦ってきた。

ムエタイのラジャダムナン認定フェザー級王者のヨーキッサダー（・ユッタチョンブリー）選手、WBCムエタイ世界フェザー級ほかのタイトルを持つペッダム（・ペットギャットペット）選手、そして、試合前の下馬評では「武尊不利」とまで言われた実力者で、K－1スーパー・フェザー級王者のレオナ・ペタス選手、ギリシャのISKA世界スーパー・フェザー級王者のスタウロス・エグザコスティディス選手、中国のEnfusion 57キロ級世界王者のワン・ジュングワン選手など――たくさん挙げられる。

ただ、そうした強豪たちと戦って勝っても、こう言われ続けてきた。

「天心とやってないじゃん」

僕の中では「天心選手に勝ってK－1最強を証明しないと、自分の現役生活は終われない」という思いがずっとあった。天心戦にたどり着く前に負けてしまったら、すべてが終わってしまう。それが、勝ち続けるモチベーションの一つになったと言える。

「絶対に連勝して、天心戦にたどり着くんだ」

この強い思いは、プレッシャーであり、恐怖でもあった。

## 安心できる場所があると危険な戦いができない

ちょっと話が逸れるかもしれないけれど、僕は20代のころから結婚願望が強かった。でも、32歳になった今、現役の間は結婚しないと決めている。

現役のファイターとして戦うことと、結婚して家庭をつくることの両立は、僕にはできないんじゃないかと思う。

家庭ができて、家族を守らなきゃいけないという責任感は、プラスに働くことはある。

でも、僕には家庭という「安心できる場所」があることは、その大切さばかりを考えてしまって、格闘家として「危険な戦い」ができなくなってしまうと思う。

格闘技には常に危険が伴う。

「命懸けで打ち合う」とよく言われるけれど、これは「そういう気持ちでやる」ということじゃない。試合中には死の危険があることを十分に知りながら、それでも「勝つために」危険な領域にまで踏み込み、自分もKOされるリスクを負いながら、相手を倒すために攻撃する。

死ぬ覚悟を持って危険な距離での打ち合いをしてきたから、僕はK−1で3階級制覇を達成したり、10年間無敗を守ってこられたのだと思う。

お客さんも、リスク覚悟で打ち合いを仕掛ける「ファイター・武尊」の姿を見に来てくれているんじゃないかなと思う。そうである以上、僕が現役を続ける限り、その戦い方を貫くつもり。もし、結婚して自分の家庭を持てば、明らかにファイトスタイルへの影響が出てしまいそうな気がする。

「命懸け」で戦うために、試合前の僕は、できるだけ「孤独」の中に自分自身を追い込むようにしている。

友達や家族や彼女とは連絡を取らないようにしたり、努めて仲良くしないようにもする。

人間は楽なほう、楽しいほうへと流されてしまう。一緒に過ごす時間に幸せを感じたり、そこにひたってしまうと、いざ試合となった時に「怪我なく帰ろう」と考えてしまって、リスクを取れなくなってしまいそうな気がする。

人間の本能として、試合で危険な場面に遭遇した時に「生きて帰ろう」という気持ちが少しでも出たら、絶対に打ち合いで勝つことはできない。

決して、「死のう」と思っているわけじゃない。

戦っている時に「死んでしまうかもしれない恐怖」を感じながら戦っている人と、命懸けでこの相手を絶対に倒してやろう、と思って戦っている人だったら、絶対に後者のほうが強い。

特に差が出るのは「打ち合い」の場面。

僕はよく、「打ち合いに強い」と言われる。実際に、試合の中で相打ちになった時、僕が先に被弾してダメージを負ったり、KOされたことは一度もない。

打ち合いや相打ちになれば、100パーセント、僕が勝つ。

倒される恐怖は一切封印して、「僕が先に当てて、相手を倒す」と信じてパンチを思い切り打っているから、わずか0コンマ何秒でも僕のパンチが先に当たって、相手はその場に倒れる。

この「際《きわ》」の強さが、僕の武器と思っている。

２０１４年に新生Ｋ－１が誕生した時、僕は最軽量の55キロ級で参戦した。ヘビー級や中量級の65キロ級が注目される中で、「軽量級はスピードが速いけど倒せない。判定ばかりだ」と見られていたけれど、僕は大雅《たいが》選手とバチバチの打ち合いをして、豪快なＫＯを見せた。これまでの見方を覆《くつがえ》して、新生Ｋ－１のセンターに立つことができた。

ファイター・武尊の真骨頂は「命懸けの打ち合い」だから。

## 独りぼっちでは戦えない

格闘技は個人競技で、リングの中で頼れるのは、自分しかいない。

だけど、練習でも試合でも、独りぼっちでは戦えない。格闘技には、信頼できるトレーナーや練習仲間たちと切磋琢磨して腕を磨き、試合では相手を分析したうえで、トレーナーが授けてくれる作戦をもとにして戦うといった「チーム戦」の面もある。

僕の場合、雅和さん（渡辺雅和トレーナー）にずっと面倒を見てもらってきた。特に「THE MATCH」は、雅和さん無しにはリングに上がることすらできなかったかもしれない。

最初の出会いは、チームドラゴン。

雅和さんは先輩の選手で、すでにプロとして一線で戦っていた。僕は鳥取から上京してすぐのころで、ジムの中にはプロで活躍した選手たちがひしめいていたから、入ったばかりの新人は気後《きおく》れしてしまう。

そういう後輩を見ると、率先して「頑張れよ」と声を掛けてくれたり、練習の時にアドバイスをしてくれて、チームの中でもムードメーカーになっていたのが雅和さんだった。

雅和さんは先輩とも仲が良く、同年代と関わり、後輩たちともしっかりとコンタクトを取ってくれるし、みんなに慕われる存在。

練習にはいつも全身全霊で打ち込んでいて、そういう雅和さんの姿を見て、「プロになるとこれぐらいやらないといけないんだ」と思った。雅和さんの背中を見ながら、僕はこの世界のことを学んでいった。

選手としての雅和さんは、激しい試合をする激闘派タイプで、いつも熱い人、という印象だった。

雅和さんが現役を引退してからは、「選手ファースト」なトレーナーになった。いい意味で泥くさくて、選手たちと一緒に苦しんで、一緒につらいことを乗り越えてくれるタイプ。

一緒に練習をしていると「一人じゃないんだ」と感じさせてくれて、僕にとってはかけがえのないパートナーになった。

ミットを構えたところへ、僕が蹴りやパンチを打ち込む。僕はフルパワーで動いて攻撃していくので、受けるほうはどんどんキツくなっていく。

そんな状況でも、雅和さんのミットは巧みだ。まるで相手選手のように動き、時には反撃してくるので、僕は試合で戦っているのと同じ感覚になる。

こうやって実戦の感覚を養っていくのだけれど、この間はずっと、雅和さんはグローブより重いミットを持ち、全身にプロテクターを着けて僕に負けないスピードで動くのだから、僕よりも遥かにキツい。だから、練習していて雅和さんが酸欠で倒れることがある。

自分の身を削るようにして、選手と共に練習の苦しみを共有してくれるトレーナーに、僕は会ったことがない。僕にとっては指導者というより「一緒に戦ってくれる人」。だから尊敬しているし、ずっとついていこうと思っている。

## すべてをわかってくれている渡辺雅和トレーナー

雅和さんとはプライベートで一緒にご飯を食べたりもするけれど、僕の専属だけを務めているわけじゃない。雅和さんはK－1ジム相模大野KRESTのトレーナーもしているから、かなり忙しい。
練習以外の場で会う機会はあまりない。ただ、会えば友達のように接してくれて、先輩で年上でも「チームの仲間」の感覚でなんでも話せる。

僕は、特殊なタイプの格闘家だと思う。
試合前になると限界以上に自分を追い込んで、オーバーワークになってフラフラになることがある。そういう時、いちばん先に気づいてくれるのが雅和さんだ。他の人から「もう練習はやめたほうがいいよ」と言われても、「いや、まだできるし」となるけれど、雅和さんから「もうやめたほうがいい」とストップをかけられると、ああ、やりすぎているんだなとか、これ以上やると怪我するなと思って、素直に指示に従う。

僕は、18歳の時から雅和さんと一緒に練習をしてきた。僕が練習のしすぎで怪我をしたり、練習で倒れているところを全部、雅和さんは見てきている。

どこまでやると危ないとか、まだできる、もっとやったほうがいいとか、全部がわかっている人。だから、雅和さんの言葉はいちばん信頼できる。

「ＴＨＥ ＭＡＴＣＨ」でも、雅和さんの存在は頼もしかった。あの試合までの過程で、雅和さんは相当神経をすり減らして、僕の心身の状態を見ながら練習を組み立てて、一緒に酸欠になるくらいまでやってくれた。

試合の時期がいつまでたっても決まらなくて、その間もずっと天心選手に勝つためのハードな追い込み練習をしていたので、僕はあちこちに怪我をしたり、疲労がどんどん溜まっていた。

一歩間違えたら、試合に出られないぐらいに壊れてしまうリスクを抱えた状態の僕を、雅和さんがごくわずかの変化さえ見逃さないようにして、試合当日にベストコンディションに持っていけるように調整をしてくれた。

今、チームＶＡＳＩＬＥＵＳの練習場を、もっと大きな場所につくることを検討している。

現在の練習場所は、空いた時間があればすぐに練習できるように、僕の自宅近くの普通の家の半地下を改造してつくったもの。スペースは決して広くはないし、ミットやスパーリングもできないわけではないけど、すべてを満たすには手狭になった。

実は、新たな場所はもう決めてある。今までずっと面倒を見てくれた雅和さんに、僕から新築のジムをプレゼントしたいと思っている。

## 僕の兄貴たち、卜部弘嵩・功也兄弟

卜部兄弟は、僕に「プロとは何か」を教えてくれた。

K－1甲子園の地方予選で負けた僕は、当時のK－1プロデューサーだった前田（憲作）先生に「僕はこんなもんじゃないです」と直訴した。その後、前田先生からチームドラゴンに誘われて、東京に行く決心をした。

僕の上京前、前田先生は卜部兄弟を呼んで、こう指示をしたそうだ。

「武尊という子が東京に出てくるから、面倒を見てあげて」

今も謎だけれど、僕と同時期に高校を卒業してチームドラゴンに入ってくる子は他にもいたのに、僕だけが卜部兄弟に面倒を見てもらうことになった。「新人の○○の面倒を先輩の××が見る」というケースは、これまで一つもなかった。


僕は、卜部兄弟からたくさんのことを学んだ。

ヒロ君（弘嵩）からは「プロとして、男として」の姿勢や心構えを学んだ。

ヒロ君は試合前になると、「武尊、あれやって。あと、これもやっておいて」というリクエストが来る。僕は付き人としてそばにいたから、ヒロ君の家の片付けをしたり、いろんな雑用をこなしたし、ご飯を食べさせてもらっていた。

そうやって試合前のヒロ君を間近で見ることで、僕は試合に向けた調整とか減量とか、選手としていろいろなことを学べた。

功也君とはそういう付き人的なことはしなかったし、功也君から「これやって」はなかったけど、僕から自主的に「あれはやっておきます」と雑用を手伝ったりしていた。

兄弟でも性格は真逆で、ヒロ君は試合に向けて様々なルーティンがあった。計量が終わると、ここでうどんを食べてリカバリーして、とか。

功也君は、細かいことをあまり気にせず、「まあ、いいじゃん」って言える感覚を持っていた。完璧主義で、細かいことを気にしてしまう僕は、「こういう感覚ってすごいな」と思う。

ト部兄弟との忘れられない思い出は、フランスでのＩＳＫＡ（インターナショナル・スポーツキックボクシング＆カラテ・アソシエーション）世界タイトルマッチ。

ヒロ君はタイトルマッチで、功也君はＩＳＫＡ世界王者として初防衛戦に臨み、僕はセコンドとしてフランスに同行した。

その時の運営がめちゃくちゃで、いきなり倉庫みたいな場所に連れていかれた。そして「ここで待ってて」と言われ、そのまま待っていると、しばらくしたら「はい、試合です」と言われた。

試合前のアップもろくにできないままだったけれど、二人とも「いいよ、行こう」とリングに上がって、ヒロ君は勝ってベルトを獲り、功也君は防衛に成功した。

アウェーの地で満足な準備もさせてもらえずに戦いながら、勝ってベルトを巻く二人はめちゃめちゃかっこよかった。「いつか、僕もＩＳＫＡのベルトが欲しい」と思った。

## 細かいルーティンをあえて捨てるアウェーでの戦い

「THE MATCH」のあとで休養して、怪我を治して復帰を決めた時、実は日本を含む世界中の団体からオファーをもらっていた。その中から僕が選んだのは、かつて卜部兄弟の遠征にセコンドで同行したフランスのリング、ISKA世界タイトルマッチだった。

海外のリングで戦って、世界にアピールしたい――そんな思いをぶつけられる機会を得た。K‐1のころにはできなかった、海外でのアウェー戦。

試合前日の計量で長く待たされたり、試合後のドーピング検査では用意された容器がたくさんありすぎて、おしっこを大量に出すために水を大量に飲んだおかげで、水中毒のような症状にもなった。

そんなアウェーの洗礼は受けたけれど、卜部兄弟の試合でセコンドとして同行していた経験もあったから、事情もわかっていた。

日本での試合だと、僕は自分の髪型とか、入場の時の衣装の襟が折れていないかとか、細かいことが気になってしまう。海外での試合は、そんなふうに思い通りにはいかないので、この時の試合でも細かいルーティンは全部捨てることにした。

それが良かったのか、いいメンタルの状態で試合に臨めて、結果は5ラウンドKO勝利。それもプロ初のハイキックでのKOという、満足のいく内容と結果を残すことができた。

試合前のいろいろなルーティンをやらなくても、倒して勝つことができた。細かいルーティンは気にしなくても、試合で結果は出せるんだ——そんな経験ができたことなども含めて、本当に収穫の多い復帰戦だった。

帰国後、卜部兄弟に勝利とISKA王座奪取の報告をした。

「海外でひと皮剝けたな。武尊のメンタルはまた強くなったよ」

「『THE MATCH』では減量で筋肉まで削れてたけど、今回はいいコンディションで『これは強い』と思った」

前者がヒロ君、後者が功也君のコメント。

兄と慕う二人と同じ、アウェーの地でＩＳＫＡ世界王者になることができて、
目指す次の目標は定まった。

# 第7章

# 「格闘技W杯」開催のために

## 児童養護施設の子供たちを訪ねて

2023年11月30日。ONE日本大会（24年1月28日、有明アリーナ）の開催と「ロッタン・ジットムアンノン対武尊」が正式に発表された会見で、冒頭、武尊はこう挨拶した。

「〝K―1〟から来た武尊です」

武尊はK―1王座を返上し、K―1との契約を終えてフリーになったとはいえ、心は「K―1ファイター」のまま。K―1王者の強さを証明すべく、世界的な舞台に出ていくのだ。

ただ、K―1ファイターの看板を外した武尊はより自由に、そして次々とこれまでやれなかったことを実現している。

ABEMAとの日本人初となる1億円PPVファイター契約。復帰戦はフランス・パリ。7代目タイガーマスク就任。そしてアジア最大の格闘技団体ONEと契約して、念願のONEムエタイ世界フライ級王者・ロッタン戦。

引退も危惧された「THE MATCH」での敗北後に現れた「新たな光景」を、武尊はどんな思いで見つめているのか。そして、格闘家としての活動は、様々な支援活動、格闘技界への新たな提案など、さらに広がりを見せている——。

発端は、K－1チャンピオンになったころのこと。

地元の鳥取にいた時、友達が児童養護施設にいて、僕はそこによく遊びに行った。施設の子以外にも、家庭環境が良くない友達とかも結構いたから、子供なりに、誰もが同じ境遇じゃなくて、それぞれが抱えた人生の事情があるんだってことを、なんとなく理解していた。

K－1チャンピオンになった時、テレビの企画でそういった施設に行く機会があって、何か所かを訪ねた。親がいない子たちが身を寄せている施設のほか、薬物依存の子たちが入っている更生施設みたいなところとか、いろいろと回らせてもらった。

僕が行くと、そこにいる子供たちがすごく喜んでくれる。

そこで子供たちと話したりして、交流すると、

「すごいパワーをもらいました！」

言葉を交わした子たちから、そんなふうに感謝の言葉をもらった。逆に僕がパワーをもらっているように感じた。


彼らがどんな境遇にいて、施設で暮らすようになったのか。自分の抱えた事情を話してくれる子もいれば、黙っている子もいる。だから、僕は彼らの境遇や事情をあえて聞くようなことはしない。

ただ、寄り添って話を聞いてあげる。たずねられたことに答えて、僕なりの考えを話す。

何かを与えることができる力が僕にあるのなら、施設の訪問は、時間の許す限り、これからも増やしていきたい。支援の品を届けたりする活動も、少しずつ始めている。

## 7代目タイガーマスクを襲名する

児童養護施設と格闘家の組み合わせといえば、多くの人が「あの名作アニメ」を思い出すだろう。ある日、知り合いから、こんな誘いがあった。

「『初代タイガーマスク』の佐山聡《さとる》さんに会わせてあげようか」

僕は二つ返事で「ぜひ会いたいです」と答えた。プロレスファンとしても、僕は初代タイガーマスクが大好きだったから、佐山さんと食事をご一緒できるなんて、光栄以外の何物でもない。

佐山さんは、驚くほど僕の試合をよく見てくれていた。試合の内容も記憶してくれていて、すごく褒《ほ》めてくれた。天心戦のことも、めちゃくちゃ褒めてくれた。

「武尊君は素晴らしい格闘家だよ」

あの佐山さんから、そんな言葉と共に褒めてもらえるなんて、こんな喜びはない。それ以来、何回も食事に連れて行ってもらっている。

食事をご一緒させていただいたある時、僕の活動の話になった。

アニメでは、主人公のタイガーマスクこと伊達直人《だてなおと》が、児童養護施設の子供たちのために戦うという設定だ。初代タイガーマスクの佐山さんも、同じように養護施設の子供たちにランドセルを贈るなどの慈善活動をしている。

ただ、病気になってしまって以降、佐山さんは、なかなかそうした活動を自身で続けることが難しくなっているという。

「誰かに受け継いでほしいんだよ」

それから先の話は、あっという間に進んだ。佐山さんのご指名で、僕は「7代目タイガーマスク」を襲名することになった。武尊として行なっていた養護施設出身の若者たちの自立支援活動などを、今度はタイガーマスクとしてもしていくことになった。

## マスクマン姿でリングに上がる可能性

マスク職人さんのところに行き、サイズを測って打ち合わせを何回かして、僕専用のマスクが完成した。「7代目タイガーマスクプロジェクト」の記者会見で、僕は初めてマスク姿をお披露目した。

実際にタイガーマスクをかぶった時の感想は、うれしい気持ちはあるけれど、素顔でしか表に出たことがなかったので、何か照れくさくもあった。

初めて「マスクマン」になったことは、タイガーマスクに憧れたプロレスファンの一人として、誇らしい経験ができたと思う。

慈善活動は海外でもやっていて、先日はベトナムに行った。

向こうの子供たちは、タイガーマスクを知らなかったようだけれど、主催者側から事前に丁寧な説明があり、僕の試合映像も見てくれていたようで、マスク姿の僕が登場すると大喜びだった。

ただ、マスクって案外、視界も悪くて動きにくいものだということに気づいた。単に僕が慣れていないだけなんだけれど、これをかぶったまま、アクロバティックな動きを見せていた佐山さんを改めて尊敬した。

7代目タイガーマスクの襲名は、また違った舞台を僕に与えてくれた。これまで以上に子供たちに喜んでもらって、パワーをあげられるのであれば、マスクマンとしてエキシビションマッチも考えてみたい気がするけれど、どうだろう？

佐山さんとお会いした時は、まだフランスでの復帰戦（2023年6月24日）が決まる前で、「ラスベガスとかでも試合をやっていきたいですけど、まだ海外では知名度がなくて」という話をしたら、こんな提案をしてくれた。

「アメリカではタイガーマスクは知名度があるから、マスクをかぶって入場したら喜ばれるよ。そういう形でタイガーマスクを使ってもらってもいいからね」

佐山さんの提案はとてもうれしかった。キックボクサー・武尊を世界で広めていくのと同時に、7代目タイガーマスクの活動を、海外でももっと広げていくという夢もできた。

## 格闘技のイメージを変えたい

僕の活動には、「格闘技のイメージを変えたい」という思いがある。

僕がプロデビューした2011年は、格闘技のイメージが最悪だった。

熱狂的なブームが終わり、格闘技界のネガティブなニュースが報道されたりして、悪いイメージが広がってしまった感じだった。

僕にとっては、ずっと目指してきた憧れの舞台、K－1の消滅というショッキングな事態にも直面した。

それでも、当時の自分が主戦場にしていたKrushをもっと広めたいと思って、芸能事務所に売り込みに行ったり、オーディションを受けたりして、メディアに出ることを図った。

ただ、格闘技業界の外にいる人たちの格闘技に対するイメージは、僕が想像していたよりも遥かに悪いことがわかった。ファイトマネーの未払いなど、ダークなイメージが根強く残っていた。

格闘技はスポーツとして認められていないんだな……。

この状況が、とても悲しかった。

この時の経験があるから、僕は業界のイメージを変えたいと常に思っていた。

僕自身もメディアに出る時には、「格闘技」や「格闘家」がイメージアップするような出方を心掛けた。後ろ暗い印象を持たれることがないように。

小さなことかもしれないけど、どん底まで落ちてしまった格闘技が、少しでもイメージがよくなって、世間から注目されるようになってほしかった。

## 格闘技界に提案したい新たな仕組み

これは僕の個人的な意見だけれど、競技としてもっと整えていくべき部分があるんじゃないかと思う。まずは、ライセンス制度。

本来、格闘技は「誰でもやれるもの」じゃない。日ごろから厳しいトレーニングを積み、アマチュアで試合を重ねて実力を磨いて、経験を積んだ人じゃないと、命に関わる怪我や事故になる可能性のある競技だから、今の素人同士にプロのような場所やルールで戦いをさせることはよくない。

大部分の格闘家は、そうしたプロセスを踏んでいる。僕のような立ち技系格闘技だけでなく、格闘技全体で考えれば、子供たちが参加するジュニアの大会も盛んだし、アマチュア経験の豊富な格闘家が増えているから、全体のレベルは年々上がっていると思う。

話題性があるというだけで、注目度の高い舞台に上がれてしまうようなものは、僕らがやっている格闘技とは別物だと思う。

それをはっきりとさせるためにも、ボクシングのようなライセンス制度が必要だと思っている。

それと同時に、すべてのプロ選手、すべてのプロの大会で、ドーピング検査を実施できるシステムをつくりたい。

僕自身、これまでの試合で「おかしいな」と感じた対戦相手がいた。筋肉の付き方だったり、ガードの上から叩かれただけでダメージを負わされたようになったり。今は血液のドーピングなどもあって、スタミナが著しく向上するらしい。1ラウンドから3ラウンドまで、まったく勢いの落ちなかったあの選手はどうだったのか……。

**血液ドーピングとは、選手自らの血液を使って赤血球の量を増やす自己輸血や、赤血球増加ホルモンによって競技能力を高めるというものだ。尿検査**

では検出されにくく、生理的にも体内に存在する物質でもあるため、陽性反応が出たからといって、即座に違反判定をすることはできない。

「THE MATCH」の前、僕は抜き打ちのドーピング検査を受けた。

午前中に整体院でマッサージを受けていたら、スーツ姿の人たちが来て、そのままトイレに連れていかれて、監視されながらおしっこを出した。

うわ、これが抜き打ちのドーピング検査か、と思ったけれど、こっそりと薬を使って筋肉を増やしている人を見つけ出すにはいい方法だと思う。

フランスでの復帰戦では、試合前に飲んでいるサプリメントや漢方薬を提出して説明させられたり、試合後は出場選手全員がドーピング検査を受けなくてはならなかった。

尿を入れるカップがたくさんあって、すべてをおしっこで満たさなくてはならない。監視されながら大量の水を飲み、おしっこを出す作業には大苦戦させられた。水を飲みすぎて、水中毒みたいになる経験もしたし（苦笑）。

ただ、そうしたドーピング検査を実施することで、オリンピック競技やメジャースポーツでは禁止されている薬物を使う選手は減るだろうし、歯止めをかけることになると思う。

僕は、格闘技を世界のメジャースポーツにしたい。

そのためには、格闘技が盛んで、いい選手を輩出してきた日本の格闘技界が意識を変えて、メジャースポーツへの道を歩み出さなくてはいけないと思っている。競技者として強さに磨きをかけるだけでなく、意識改革のためのお手伝いもしていきたい。

## 格闘技版ワールドカップを開催したい

昔から、サッカーワールドカップが近づくと、日本中がサッカー日本代表や好きな国の代表チームを応援する。

2023年は野球のWBCやバスケットボールのパリ五輪予選など、日本代表が世界の強豪国と戦い、勝つ姿を見せて感動や勇気を与えて、日本を盛り上げた。国民全員に応援してもらえるようなオリンピックやワールドカップのように、全世界から選手が集結して、世界中から注目される大会が、残念ながら格闘技にはまだない。

僕は、そういう舞台をつくりたいと思っている。

そのためには「団体間でルールが統一されていない」ということが、いちばん大きな問題になる。統一されたルールをつくって、世界中の格闘家が参加して世界一を競う舞台、競技としてのトップを決める大会をつくっていきたい。

格闘技は世界中にいろいろなジャンルがある。多くのジャンルがあることから考えれば、サッカーやバスケットボールのように、世界中で愛されているスポーツじゃないかなと思う。

同時に、サッカーやバスケットボールではできない、「格闘技にしか伝えられないもの」があると強く感じている。自分で戦っていても思うし、他の試合を見ていても思う。

直接的に痛みを感じながら、それに耐えながら戦うスポーツって、格闘技以外にはない。だから、見ている人に勇気や感動を与えられるし、剝き出しの感情がぶつかり合う魅力がある。メジャースポーツになれるポテンシャルは、間違いなくある。

ライセンス制度、ルールづくりに次いで必要なこととして、僕は「世界統一王者」をつくることができれば、大きな力になると思っている。

これには時間がかかるし、僕が現役で戦っている間に成し遂げることは難しいかもしれない。でも、前へ前への気持ちで、少しずつ進めていきたい。引退したあとも格闘技に関わって、人生を懸けて挑戦したい夢だ。

## 2024年1月28日、世界最高峰の戦い

K－1との契約を終えてフリーになったことで、これまで知らなかった他団体のことを知る機会が増えた。

今、僕が契約しているONEは、選手のことをファイターとか選手じゃなくて「アスリート」と呼ぶ。

ONEの契約書も、選手の表記はすべて「アスリート」で統一されていて、それを目にした時に、ONEで戦う格闘家へのリスペクトを感じた。

ONEは、世界中からトップ選手を集めて「世界のナンバーワンを決める」ということがコンセプト。試合内容はどれもパワフルだし、主催者側もかなりの熱意を込めてやっているといつも感じている。

2023年9月22日、武尊はタイ・バンコクのルンピニー・スタジアムのリングサイドで「ONEファイトナイト」を観戦した。メインイベントでロ

ッタン・ジットムアンノンはスーパーレックに判定負けを喫したものの、前日の計量で2キロオーバーしたスーパーレック相手に猛攻を仕掛け、「破壊神」の呼称らしい戦いぶりを見せた。

面白かった。刺激を受けた。

出場選手がみんな1ラウンドから倒しに行くし、ポイントでリードしていても最後まで倒しに行っていたのも印象的だった。K－1の選手よりもっとアグレッシブだから、会場も盛り上がっていた。「ONEムエタイ」「オープンフィンガームエタイ」という、僕が知っている従来のムエタイとは違う競技だなと感じた。「ファイトナイト」には、まだONEと契約していない選手も出場している。だから、契約が欲しい選手たちは、「ここで面白い試合をして、アピールしよう！」と必死になる。生活のため、未来のために、ここで頑張るんだという気迫がはっきりと見えて、最高の大会だった。

メインイベントでは、スーパーレック選手が持ち前のテクニックを駆使して、勝ちに徹していて、ロッタン選手の持ち味を出させない戦いをしていた。二人の試合を生《ナマ》で観戦して、僕の中で「ロッタン選手と戦いたい」という思いが一層強くなった。

これまでの試合映像を見たことはあったけれど、この日、会場内の熱気を体感できたのはとてもよかった。

こういう戦いをしたいと本気で思ったし、会場の雰囲気も、リングの中とお客さんが一体になっている感覚がすごくあった。K－1でも会場内はすごく盛り上がる。それでも、ONEの一体感は別物だった。そこには、日本とタイの国民性の違いがあるのかもしれない。

僕みたいに、お客さんを盛り上げるためにアドレナリン全開で戦うタイプは、こういう会場、こういうお客さんの前だとすごく戦いやすいし、燃えるし、もっとパフォーマンスが上がるだろうなと思う。

そして、2024年1月28日、東京・有明アリーナで「ONE165：ロッタン vs. 武尊」の開催が決まった。

ルールはヒジ打ちなし、ボクシンググローブ着用のキックボクシングルール。試合形式は3分5ラウンド。

僕とロッタン選手に判定の決着はいらない。5ラウンドあれば、必ず僕がロッタン選手をKOして勝つ。

僕にとっては、「THE MATCH」のけじめを付ける戦いでもある。あの時、勝った姿を見せられなかったことの悔しさが、僕の中には今も残っている。

その後の復帰戦はフランスでやったので、僕が日本のファンに見せた最後の姿は負けた姿だ。だから、ロッタン選手をKOすることが、「THE MATCH」に本当の決着を付けることになる。

## 緊急追記：それでも、戦うことを選んだ

2024年1月5日、ONEは公式に「ロッタンが怪我のために欠場。武尊はスーパーレックの持つONE世界フライ級キックボクシング王座に挑戦する」とアナウンスした。年末からネット上を騒がせた「ロッタン欠場」の噂は、本当だったのだ。『THE MATCH』にケリを付けるためにも、ロッタン選手をKOする」とハードなトレーニングを積んでいた武尊の心中は——。

もちろん噂は知っていたけど……。

去年の12月にロッタン選手が三角巾で腕を吊った写真を見て、関係者の人に確認してもらったら、「怪我は少し前で、あれは古い写真。試合は予定通り」という回答があって、僕は何の不安もなくロッタン選手対策をやってきた。

それなのに……。

年が明けてすぐに、「ロッタン欠場」の噂は一気に広まった。ロッタンのジム関係者が「ロッタンは怪我で欠場。代わりにスーパーレックが日本で武尊と戦う」という内容をSNSに載せたのだ。だが、その時点でも武尊サイドには何の連絡もなかった。

ONE側から何も言われていなくて、僕は「SNSで勝手に言っているのかな?」ぐらいに考えていた。

でも1月3日に、ONE側から「ロッタン選手は怪我で欠場します。代わりにスーパーレック選手とのONE世界タイトルマッチはどうですか?」というオファーが届いた。

正直、迷ったし、ちょっと悩んだ。

ずっとロッタン選手対策をやってきて、まったくタイプの違うスーパーレック選手に相手が代われば、試合までの3週間で一から対策をやり直さなくてはいけない。

周囲からは、僕とロッタン選手の試合を期待する声は多かった。

「武尊とロッタンという激闘派同士の戦いが見たい！」

「武尊とロッタンを見たくてチケットやPPVを買ったのに！」

そんな声があることも、よくわかっている。

ABEMAも「ロッタン対武尊」だからPPVにしてくれたのだと思うし、ここまで大々的にプロモーションをして、盛り上げてくれた。

だから「ここは一度延期して、改めてロッタン対武尊をやってはどうか」という話もあった。

「スーパーレック選手とやります」

僕はオファーに対してそう返事をして、SNSにこう書き込んだ。

〈1月28日の試合がロッタン選手の欠場により
スーパーレック選手とのONEフライ級世界タイトルマッチに変更になり
ました。
ずっとロッタン選手と戦うために準備をしてきたので
悔しい気持ちはありますが
デビュー戦でONEの現役世界王者とのタイトルマッチということで気合
い入った。
必ず勝って世界最強を証明します。
変わらず応援よろしくお願いします。
1月28日必ずチャンピオンになる〉

〈自分の体があと何試合持つかも分からないし

ずっとロッタンと戦う為にやってきたから色々と思う事もあったけど

これをチャンスに変える為に
ロッタンに勝っているスーパーレックに
挑戦することを決めた。
いつ終わるか分からない格闘家人生だから
今を全力で戦う。

対戦相手変わったからチケットキャンセルしたいって人とかＰＰＶ見ない
っていう人もいるけど
僕の格闘家としての最後の生き様を見て
是非目に焼き付けて欲しい。

１月28日必ずチャンピオンになって

世界最強を証明する。

応援よろしくお願いします！〉

（「X」武尊takeru　@takerusegawaより）

1月28日の試合に向けて、4ヶ月から5ヶ月かけて過去最長の追い込みをやってきた。命を削って追い込みをするから、心も体も練習での消耗が大きい。僕はそれだけをやってきた。だから、残り少ない格闘家人生、ここで試合をしないという選択肢はなかった。

格闘家として、今ここで「試合はやりません」は違うな、という思いが僕にはあった。

この試合に勝つことで、チャンスに換えられると思う。

「この試合で燃え尽きる」

そんな覚悟を持って、僕はスーパーレック選手と戦おうと思っている。

ONEの立ち技部門はムエタイ（ヒジ打ちOK。オープンフィンガーグローブ着用）とキックボクシング（ヒジ打ち禁止、ボクシンググローブ着用）に分かれる。フライ級（61・2キロ以下）のムエタイ王者はロッタン、キックボクシング王者はスーパーレック。武尊にとっての難題は、ロッタンとスーパーレックはまったくタイプの違うファイターということだ。ロッタンは「ムエマッド」と呼ばれるパンチでガンガン攻めるファイタータイプ。スーパーレックは「フィームー」というテクニックを駆使して戦う。特に速い蹴りで知られており、武尊が間違いなく嚙み合う相手はロッタン。スーパーレックとは得意の打ち合いに持ち込めず、嚙み合わないまま終わってしまう可能性がある。

ずっとロッタン選手と試合するための練習をしていたのを、今からスーパーレック選手との試合に向けた練習に変えていくしかない。

でも、スーパーレック選手は「ロッタン選手に勝って、いつかはやりたい相手」と意識してきた相手ではあるし、知らない相手ではない。だから、そこは切り替えていく。

スーパーレック選手は、ロッタン選手との試合で体重オーバー（※2キロもの大幅な計量オーバー）をしているけれど、ロッタン選手に勝った実績がある。そこもある意味、今回のモチベーションの一つかな、と思う。

スーパーレック選手もマムーディー選手とのタイトルマッチが決まっていて、しっかりと追い込みをしていてコンディションはいいはず。代打出場ではあるけれど、万全な態勢で来ると思う。

僕は得意な打ち合いに持ち込みたいし、スーパーレック選手は蹴りで先手を取って自分のペースに持ち込みたい。

スーパーレック選手は、どんな相手だろうと自分のペースに持ち込むうまさのある選手なので、そこを僕がどう崩せるか、という勝負になると思う。
トレーナーの（渡辺）雅和さんは「武尊が決めたんだから、とことん付き合うよ」と言ってくれて、一緒にスーパーレック選手への対策を急いで仕上げている。

**ONEは「ハイドレーションテスト」を導入している。尿比重検査をして、体内の水分量を測定して、水分量が一定以上ないと失格になる。これにより、体内の水分を減らして体重を落とす「水抜き」ができなくなる。ONEデビュー戦となる武尊は、計量で決められたフライ級と共に、格闘技人生初の「ハイドレーションテスト」をクリアしなければならない。**

ハイドレーションテストは、ONE参戦が決まってから何度もやってみた。数値が結構バラバラで、その日の体調によって違うことがわかった。体内の水分を抜いていないのに低い数値が出たり、逆に水分を抜いているのにそんなに上がらない時もあって。

だけど、一度、フライ級に近い体重まで落としてみて、ハイドレーションテストをクリアできる数値を出せたので、たぶん、問題ないと思う。

今はスーパーレック選手に勝つことだけを考えている。

「勝って、次は――」なんて考えて勝てる相手じゃない。それはロッタン選手も同じで、ロッタン選手と試合が決まった時は一度、頭の中から他の選手のことはすべて消した。

スーパーレック選手とも、そういう考えでやろうと思っている。

一戦一戦、この試合で燃え尽きるつもりでやる、というのが今の僕の考えなので。

スーパーレック選手はこの階級のチャンピオンで、強敵で、計量オーバーはあったけれど、ロッタン選手に勝った実績がある。

ロッタン選手の欠場で代わりに出てくる相手としては、一番の相手だと思う。

何よりも、僕は対戦相手どうこうというよりは、最後に「ONE」という舞台に挑戦する姿を見せたかった。

「THE MATCH」で負けて、一度は引退を心に決めて、そこからここまで上がってきた。

その道のりを、僕の生きざまとしてみんなに見てほしかった。

今回、最終地点だと思っていた「ONEの世界チャンピオン」に、いきなり挑戦できることになった。これ以上の舞台はないかなと思う。

この試合に勝って、チャンピオンになることで、「THE MATCH」で失ってしまったものであるとか、みんなの期待を裏切ってしまったこととか、そういったことのすべてについて、僕の中でけじめをつけられると思う。

僕の生きざまを見てほしい。きっと、見ている人にパワーを与えられるんじゃないかな、と思っている。

# エピローグ　ユメノチカラ、未来へ

これまでの人生、本当にいろいろなことがあった。これからも荒波が訪れるかもしれない。

ふと考えてみる。10年後の僕は、どんな日々を送っているんだろう、と。

理想を言えば、争いごともせず、普通に家庭を築いて、のんびりとした生活を送っていられるといいな。

でも、これまでの刺激に満ちた日々を忘れることはないだろうし、きっと少しはスリリングな出来事が欲しくなるとは思うので、何かしら新たなことにも挑戦しているんじゃないかと思う。

暮らすなら、自然に囲まれた静かな町で、そこに家を建てて生活したい。今まで格闘技だけをやってきたから、引退後は他の違うこともしてみたい。

昔からアクション映画が好きで、ジャッキー・チェンやブルース・リーに憧れていたから、アクション俳優にもチャレンジしてみたい。

もちろん、格闘技とはずっと関わっていきたい。すでに読んでいただいた通り、格闘技版ワールドカップの開催は、これから先の目標だし、思い描いている大きな夢なので。

日本の中だけで大会を開催していくのではなく、もっと世界の大舞台に日本人格闘家が出て行って試合をするような流れをつくりたい。逆に、世界の格闘家を日本にもっと呼び込むこともしていく。そうして「日本対世界」の構図を際立たせたいと思う。

僕の現役中にかなえるのは難しそうな夢だけど、必ず実現させたいし、僕がまずはその先鞭をつけられるように活動していきたい。

格闘技は僕を救ってくれた。

ちっちゃいころから、喘息《ぜんそく》を患うなど体が弱かったし、泣き虫で気持ちも弱かった。そんな僕の体と心を逞《たくま》しく、強くしてくれたのは、格闘技を続けたことだった。

高校の時、悪い道に逸れてしまった時も、格闘技があったからこそ、まともな道に戻れた。

僕の人生は、あらゆる場面で格闘技に救われてきたと思う。

格闘技から得た目標や夢、そこに向けてブレずに進んでこられたから、今の僕はある。

メンタルを病んでいたことを公表してから、僕のSNSには、同じような病気を抱えた人からメッセージやコメントをたくさんもらうようになった。だから、僕の姿を見て、同じような病気に悩む人たちにパワーを与えていきたいと思う。

何もいいことがない、絶望しかないと思っている人に、僕の言葉が刺さってくれるのならうれしいし、「生きていると、絶対に何かいいことがある」と思ってもらえるといいなと思う。

この本に記した通り、僕には心がつらくて苦しくて、もうダメだと思ってしまう時があった。

でも、あそこであきらめていたら、今の自分はないし、格闘家として、また一人の男としても、これほどいろんな経験や人との出会いにめぐまれることもなかったんじゃないかなと思う。

僕の経験から言えるのは、無理をせずにできるようなレベルのもので構わないから、ごくごく小さな目標を立てて、それを達成する感覚を身につけること。

今日は太陽を浴びようとか、何回笑おうとか、そのくらいのことから始めればいい。

その目標を達成できたら、些細なことでも自分を褒めてあげること。

ほんの小さな達成感でも、それが積み重なっていくことで、希望は必ず生まれてくる。自分の中で、再び自信や肯定感も湧いてくると思う。

全力で戦う姿を、僕はこれからも見せていく。そこからみなさんに伝わる何かがあればうれしい。

スーパーレック戦を前に　武尊

特別編

# 武尊の心身を整える4テーマ

本書を読んでいただければわかる通り、武尊選手は肉体およびメンタルに重いダメージを受けながらも、見事に復調させて格闘技に邁進《まいしん》してきた。ある意味、心と体を整えるエキスパートでもある。この「特別編」では、取材中に聞いた独自のコツを挙げておく。

## ①体のために意識していることは?

僕がいちばん大事だと思うのは、体を温めて血流を良くすることですね。お風呂に浸かって体をあたためること、あとはストレッチ。めっちゃしてます。家ではひまさえあればストレッチしてるくらい(※実際、取材中も質問に答えながらストレッチをしていた)。

体を冷やさないこともポイントですね。僕は夏でも常温のものを飲みます。冷たいものは体を冷やすので、一切飲んでないです。

## ②体を回復させる時に何を食べる？

実は今、サプリメントを一切やめてるんですよ。必要な栄養は食事から自然に摂取するようにしていて。昔、減量がきつかった時に、遺伝子検査を受けたんです。そうしたら、「脂質で太る、米の糖質では太らない」タイプだとわかったので、お米は食べてますね。疲れが溜まってきたと思ったら、ウナギを食べます。摂らないようにしているのは、カフェインを含むもの。コーヒーとか飲まないです。

以前は試合前にカフェインを摂ったこともありましたけど、僕は試合が始まるとめちゃくちゃアドレナリンが出すぎてしまうタイプなので、カフェインを摂って試合に臨んだら、さらにそれが出まくってしまったらしく、正気が保てなくなってしまいました（苦笑）。それ以来、やめています。

## ③コンディションを整える方法は？

サウナですね。「THE MATCH」の前は毎日、サウナに通っていました。友達の「神はサイコロを振らない」のボーカル・柳田周作君は、サウナ好きが高じて「サウナスパ健康アドバイザー」という資格を取得していて、彼から直接「整《ととの》い」を教えてもらったらめちゃくちゃよくて。メンタルにもいいし、体の疲れも取れるから、すっかりハマりましたね。

「整い」にはやり方があって、サウナに入って、体を熱くして、その後、ただ水風呂に入ればいいというだけじゃないんですよ。彼から教わった通りに、90度以上とかの高温にしたサウナで限界まで追い込んで、なるべく冷たい10度以下の水に入ると、体内の血流がガーッと回って、景色が歪《ゆが》んでくるんです。なんか天井もワンワン回って動くし。水風呂を出たあとは、すぐ体に付いた水分を拭いて、瞑想しています。

サウナに入ることで、セロトニンが出るらしいんです。だから、気分が落ちた時も元気になるし、体的にも血流が良くなって疲労回復にもなる。サウナに入ったあとは、めちゃくちゃ深く眠れるんですよ。ご飯も美味しく感じるし、幸せな気持ちになるんですね。

試合前は疲れも溜まるし、不安にもなるけど、サウナで回復して元気になります。「THE MATCH」の前は、ほぼ毎日通っていました。

## ④気分転換に何かしてる?

ふだんしていることと全然違うことをするのって、いい気分転換になります。僕の場合は音楽なんです。

寝る前には絶対に楽器を触ります。ピアノとかギター。ギターは高校でバンドをやってましたし、ピアノは弾きたくて独学で練習しました。ドラムセットも持ってて、(大岩)龍矢にやらせようかと思ってるんですけど(笑)。ドラムは結構音も響いて落ち着かないので、家ではやらないですね。

昔は、楽器を触ってからじゃないと眠れないぐらいでした。楽器を触るのが大好きで、音色も好きなのでリラックスできます。

## ⑤どんな音楽を聴く？

音楽を聴いてリラックスしたい時は、バラード。試合前にテンションを上げたい時やランニングをしている時などは、激しい曲を聴きます。ワンオクやエルレガーデン、海外アーティストだとリンキン・パーク、エミネムとか。

ちなみに、僕の入場曲「Touchin' on My」（3OH!3《スリー・オー！・スリー》）はふだんは絶対に聴かないです。入場曲を聴いた瞬間に試合のテンションになって、体が緊張してきて、ストレスを感じるんです。

イベントに参加すると、たいがい「武尊選手の入場です！」というアナウンスと同時に入場曲を流してくれて、お客さんはそれを喜んでくれますけど、本人はちょっとストレスです（笑）。

たまにイベントとかで、ずっと繰り返し流している時があって、おかしくなりそうになりました。できれば、入場曲は試合の時だけということで、イベント担当のかた、今後はぜひそういうかたちでお願いします（笑）。

# 武尊

Takeru

格闘家。1991年7月29日生まれ。鳥取県米子市出身。team VASILEUS所属。闘争本能むき出しのファイトスタイルでKO勝利を連発する姿から“ナチュラル・ボーン・クラッシャー”と呼ばれる。

2015年4月に初代K-1スーパー・バンタム級王座決定トーナメント、2016年11月に初代K-1フェザー級王座決定トーナメントを制して2階級制覇を達成。2018年3月の「K'FESTA.1」では第4代K-1スーパー・フェザー級王座決定トーナメントで優勝し、前人未到・K-1史上初の3階級制覇を成し遂げる。

2019年3月の「K'FESTA.2」では当時ムエタイの現役王者だったヨーキッサダーを2RKOし、K-1最強を証明した。この一戦で右拳を負傷し、試合から遠ざかっていたが、11月の横浜大会で村越優汰との一戦を制して復活。

2020年3月22日の「K'FESTA.3」では“ムエタイの壊し屋”ペッダムにKO勝利し、K-1のエースとしての強さを見せつけた。同年夏、かねてから対戦をアピールしていたレオナ・ペタスの挑戦を承諾。一度は11月3日のK-1福岡大会でレオナとのタイトルマッチが決定していたものの、自身の怪我により欠場。2021年3月28日「K'FESTA.4 Day.2」の大舞台でレオナと拳を交え、劇的なKO勝利で王座防衛を果たした。

2022年6月19日、東京ドームで行われた「THE MATCH 2022」で那須川天心と対戦。判定で敗れたものの、格闘技史に残る名勝負を繰り広げた。

2023年6月24日、自身初の海外進出戦となるフランス・パリで行われた「Impact in Paris」で豪快なKO勝利。ISKA世界ライト級王者となった。

2024年1月28日、ONEフライ級キックボクシング世界王者スーパーレックと対戦（ONE 165、東京・有明アリーナ）。

戦績43戦41勝（25KO）2敗0分（2023年8月15日時点）。168センチ、60キロ。

●武尊オフィシャルサイト
https://takeru-official.net/

●X　@takerusegawa

●Instagram　@k1takeru

# ユメノチカラ

第1刷　2024年1月31日

著者　**武尊**

発行者　小宮英行

発行所　株式会社 徳間書店
〒141-8202　東京都品川区上大崎3-1-1
目黒セントラルスクエア
電話　編集(03)5403-4350
販売(049)293-5521
振替　00140-0-44392

印刷・製本　三晃印刷株式会社


ISBN978-4-19-865760-4